교 과 서 에   나 오 지   않 는

에피소드
한국사

교 과 서 에   나 오 지   않 는

에피소드 한국사

근현대편

표학렬 지음

앨피

윤봉길 의사는 도시락 폭탄을 어떻게 날랐을까?

학교에서 역사를 가르치다 보면 수업 시간에 엎드려서 자는 아이들을 종종 본다. 그런 아이들을 보면 좋은 말로 타이르거나 때로는 혼을 내서 일어나게 하는데, 사실 교과서 곳곳에 숨어 있는 재미있는 이야기를 들려주는 것만큼 잠을 쫓는 데 좋은 특효약은 없다.

우리 역사는 5,000년의 긴 시간만큼이나 많은 이야깃거리를 담고 있다. 그 이야기들을 모두 싣는 것은 불가능하겠지만, 그래도 교과서가 너무 줄거리와 사론史論 위주로 서술된 것은 못내 아쉽다. 줄거리 사이의 틈새를 재미있는 사건과 사람 이야기로 채워 주는 것, 그것이 교사의 몫일 것이다.

고등학교에서 15년 가까이 역사를 가르치며 아이들에게 교과서에서 접할 수 없는 많은 이야기들을 들려주려고 노력했다. 정형화되고 단편적인 역사적 사실보다는 생생하게 살아 숨 쉬는 역사를 전달하고 싶었다. 그래서 마음먹고 하나둘 이야기를 모으기 시작했고, 어느덧 책 한 권 분량이 되었다. 그러니까 이 책은 나의 '보조 강의안' 인셈이다.

　이 책의 기본 콘셉트는 교과서에서 출발한 즐겁고 가벼운 역사이다. 그래서 먼저 교과서의 일부분을 간단히 요약하여 글 서두에 실었다. 그런 다음 그 내용에 해당하는 이야기들을 서술하였다. 핵심만을 간추린 교과서의 짧은 글 속에 얼마나 많은 이야기와 생각들이 존재하는지 들려주고 싶었다.

　이야기들 속에 스쳐가는 내용들 중 설명이 필요한 것들은 박스에 넣어서 추가로 설명을 덧붙였다. 이는 가능한 한 이야기들을 집중적으로 서술하여 너무 많은 내용이 본문에 담겨 독자들의 머리를 아프게 하는 일을 막기 위함이다.

　마지막으로 간단한 연표를 넣었다. 수록된 에피소드들이 어떤 시대의 이야기인지를 비교해서 보면 그 일을 좀 더 입체적으로 이해할 수 있다. 근현대사는 고립된 시대가 아니라 본격적으로 세계와 같이 호흡하는 시대이기 때문에, 세계사 속에서 우리 역사를 바라보는 것이 아주 중요하다.

　역사를 사람의 머리에 비유하면, 교과서는 얼굴에 해당한다. 그럼, 뒤통수는? 교사가 뒤통수를 잘 설명해 주어야 학생들이 머리통 전체를 볼 수 있다. 물론 뒤통수 이야기는 대학 입시에 큰 도움은 되지 않는다. 하지만 창의적 사고, 입체적이고 비판적인 사고 능력을 키우는 데 역사 분석만큼 좋은 훈련은 없다. 한 가지 사건을 여러 가지 측면에서 바라보고, 때로는 깊이 들여다보며 상상하고, 평가하고, 의미를 부여하는 과정에서 창의적이고 논리적인 사고를 키울 수 있다. '삐딱

하게 바라보기'가 필요한 이유다. 교과서에서 누락된 이야기를 다루고, 그 사건들을 조금 다른 시각에서 바라보며 '역사적 상상력'을 발휘한다면, 역사가 훨씬 재미있게 느껴질 것이다.

윤봉길 의사가 홍커우 공원에서 도시락 폭탄을 던졌다는데, 어떻게 폭탄을 갖고 들어갔을까? 그때는 금속탐지기가 없었으니까 적당히 위장해서 들고 갔겠지? 아냐, 그전에 이봉창 의사도 도시락 폭탄을 던졌다던데 일본 경찰이 그렇게 허술했을까? 어떤 일본 여자가 폭탄을 공원 안까지 날라다 줬다는 이야기도 있던데 정말일까?

학문으로서 배우고 외우는 역사도 중요하지만, 이렇게 하나씩 궁금증을 풀어 나가며 즐기는 역사도 있다. 독자들이 이 책을 보면서 '즐기는 역사'를 체험할 수 있다면 더 바랄 것이 없겠다.

평범한 교사가 책을 내는 데는 큰 용기가 필요했다. 도전을 할 수 있도록 북돋워 주고 중고와 교정까지 봐 준 아내와 응원해 준 아들에게 고마움을 전한다.

2012년 8월
표학렬

차례

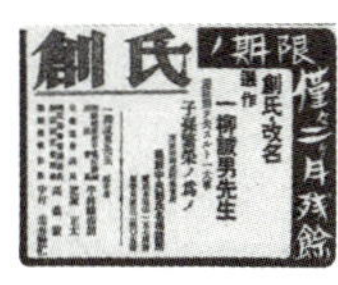

01

근대를 향한 열망

"고대는 'Ancient', 중세는 'Middle age', 그럼 근대는 뭘까?"

"글쎄요……."

근현대사 수업 첫 시간이면 으레 학생들과 나누는 대화이다.

"그럼 현대는 뭘까?"

"'Modern age'요."

"아냐, 현대는 'Present age'이고, 근대가 'Modern age'야."

보통 '모던Modern'이란 단어를 '현대'라고 번역하지만, 역사에서 모던은 근대를 가리키는 용어다. '근대'란 오늘날 우리들의 삶의 모습이 시작된 시대를 뜻한다. 과거와 다른 오늘의 모습이 처음 갖춰지기 시작한 시대, 그 시대는 어떻게 시작되었으며 어떤 과정을 거쳐 오늘에 이르렀을까?

자유·평등·민주

근대는 한 마디로 말해서 '자유'와 '평등'과 '민주'에 대한 열망에서 시작되었다. '자유'는 농업 사회에서 벗어나 상업 사회로 넘어가며 형성된 자본주의, 즉 돈을 벌 자유를 의미한다. '평등'은 신분에 따라 차별받지 않고 모든 사람에게 똑같은 기회가 주어지는 사회를 말

단두대에서 처형당하는 루이 16세. 1793년 1월 프랑스 시민들은 왕의 목을 침으로써 근대적 정치 체제인 '공화정'을 수립했다.

한다. 마지막으로 '민주'는 왕이나 귀족 등 소수가 권력을 독점하는 독재정치가 아니라 다수의 일반 대중이 참여하는 정치를 의미한다.

비교적 완만하게 근대사회로 성장해 가던 동아시아는, 군함을 앞세우고 밀려들어 온 서구 열강에 의해 서양식 근대사회 건설을 강요당했고, 이 과정에서 살아남고자 속도 경쟁에 들어갔다. 그러나 주변 국가와의 근대화 경쟁, 서양 제국의 침략, 내부 전근대 세력과의 갈등으로 대혼란을 겪을 수밖에 없었다. 그 결과 일본은 성공했고, 중국은 생존했고, 조선은 멸망했다. 이후 한국의 근대화는 생존을 위한 몸부림, 그 자체였다.

지금은 너무나 당연하고 기본적인 가치로 받아들여지고 있는 '자유', '민주', '평등'이라는 근대의 기본 개념은 우리나라에서 언제, 어떻게 형성되었을까? 모두 서양에서 들어온 것일까? 우리 사회 안에는 근대를 향한 열망이 전혀 없었을까? 우리 역사 속 근대의 모습을 살펴보고, 시대의 아픔을 극복하며 변화 발전해 온 과정을 되짚어 보는 것은 우리 사회를 이해하는 데 매우 중요한 일이다.

우리 안의 근대

조선 후기에 등장한 실학實學 사상에는 자본주의, 즉 자유주의 사회의 기본적인 모습이 담겨 있었다. 박지원朴趾源의 소설 〈허생전許生傳〉의 주인공은 '도고都賈'라 불리던 초기 자본가들의 모습을 잘 보여 주고 있다. 당시 조선 사람들의 정신세계는 전근대사회의 기본 도덕인 '근면'과 '순종'에서 근대사회의 기본 도덕인 '풍요'와 '합리적 사고'

로 변화하고 있었다.

전근대사회를 지탱하던 신분제도 점점 무너지고 있었다. 일부의 풍경이긴 하지만, 저잣거리에서 "이 양반이, 도대체 무슨 짓이야."라는 말이 들릴 정도로 신분제는 서서히 허물어지고 있었다.

다만 한 가지 아쉬운 점은, '민주'를 향한 급격한 정치 변혁이 없었다는 것이다. 프랑스 혁명이나 미국의 독립전쟁처럼 민주적 정치제도를 만들어 나가는 혁명이 없었던 것, 아니 최소한 메이지 유신明治維新이나 독일의 비스마르크 개혁 같은 정치적 변혁조차 없었다는 것은 대단히 아쉬운 일이다. 이것이 결국 망국의 원인이 되었을 것이다.

혹시 우리가 근대국가를 향한 변혁을 너무 늦게 시작한 것은 아닐까? 그렇지 않다. 미국의 남북전쟁은 1865년에 끝났고, 일본의 메이

1888년 6월 일본 최초의 헌법을 심의하는 모습. 일본은 1868년 메이지 유신을 단행하여 천황제적 절대주의를 기초로 근대화를 단행했다.

지 유신은 1868년에 단행됐다. 독일의 통일전쟁과 이탈리아 통일전쟁은 각각 1860년대 일어나 1871년경에 마무리되었다. 많은 서구 열강들이 1860년대부터 1870년대 사이에 근대국가를 건설하고 영국, 프랑스 등 기존 제국들과 경쟁에 나섰다. 이 시기 조선에서는 대원군의 개혁 작업과 고종의 근대화 정책이 시작되었다. 그러므로 시기적으로 우리가 그렇게 늦은 것은 결코 아니었다. 아마도 개혁이 순조롭게 이루어졌다면 우리 역사는 달라졌을 것이다.

근대의 싹이 막 움트기 시작하던 그때, 조선에서 어떤 일이 일어났는지 자세히 들여다보자.

02

개혁가가 된 왕의 아버지
흥선대원군

교과서 속 한 줄 역사　1863년 고종이 어린 나이에 왕위에 오르자 왕의 생부인 흥선대원군이 정권을 잡았다. 그는 안으로는 왕권을 강화하며 호포제와 서원 정리 등 개혁을 시도하고, 밖으로는 쇄국정책을 펼쳐 서양 세력과의 교류를 엄격히 금했다.

홍선대원군興宣大院君(1820~1898) 이하응李昰應은 어떤 사람일까?

홍선내원군은 세도정치가의 온갖 핍박을 이겨 내고 아들 고종을 왕위에 올린 뒤 권력을 잡고 과감한 개혁을 추진한 인물로 알려져 있다. 특히 그가 권력을 잡기 전 기생집을 섭렵하고 주정뱅이로 장바닥을 구르며, 세도정치가의 가랑이 사이를 기는 굴욕까지 참아 내면서 와신상담했다는 이야기는 그의 드라마틱한 삶을 보여 주는 일화로 유명하다.

만들어진 역사

그러나 이는 김동인金東仁의 역사소설《운현궁의 봄》에 등장하는 주인공 '대원군'의 이미지이며, 실제 대원군의 모습과는 거리가 있다. 이처럼 소설 속 이미지와 실제 모습을 혼동하는 경우는 흔하다. 벽초碧初 홍명희洪命熹의 소설《임꺽정》과 이두호의 만화《임꺽정》의 '임꺽정'도 역사 기록 속 '임꺽정'과 많이 다르다. 하지만 사람들의 머릿속에는 소설과 만화 속 임꺽정의 이미지가 단단하게 자리를 잡고 있다.

이미지와 사실의 이러한 괴리는 일제강점기 때 많이 일어났다. 예컨대, 많은 사람들이 김정호金正浩가 홀로 전국을 직접 답사하여《대동여지도》를 작성했고 그것을 세도정치가들이 태워 버렸다고 알고 있는데, 이는 일제강점기 교과서에서 만들어진 왜곡된 이야기다.

《대동여지도》는 김정호가 과거에 편찬된 지도를 참고해서 한 단계 발전시킨 것으로서, 혼자만의 노력으로 이룬 성과가 아니라 많은 사람들의 도움을 받아 완성한 것이다. 또한 《대동여지도》를 불태웠다는 것도, 정한론征韓論(일본이 조선을 정벌해야 한다는 주장)에 입각해 《대동여지도》를 군사지도로 활용하려 한 일제가 조선의 지배자들

흥선대원군 이하응 초상. 금관을 쓰고 조복朝服을 입은 모습. 국립중앙박물관 소장.

이 얼마나 무능하고 부패한 정권인지를 강조하려고 꾸며 낸 것이다.

대원군의 이미지도 일제시대에 만들어졌다. 김동인이 근대화를 가로막는 낡은 세도정치가를 비판하고, 그들과 싸워 개혁을 이루는 혁명가로 대원군을 그리면서 그의 과거를 왜곡·과장한 것이다.

야심만만한 왕족

그렇다면 진짜 대원군은 어떤 인물이었을까? 대원군은 왕족의 큰 어른이었다. 그는 인조의 넷째아들 인평대군의 후손으로서, 21세 때 왕족을 관리하는 종친부의 관리로 관료 생활을 시작하여, 27세 때 종친부 유사당상에 오르고 30대 초반에는 오위도총부 도총관까지 올랐다. 도총관이라면 2품직으로, 명예직이긴 하지만 판서급, 즉 오늘날 장관에 해당하는 벼슬이다. 아무리 현실적인 힘이 없었다 해도 이만한 벼슬에 오른 흥선대원군의 처지를 '불우했다'고 보기는 어렵다.

대원군은 이 시절 폭넓은 인간관계를 맺었다. 쌀 거래로 부를 쌓은 신흥 부르주아 이천일을 비롯하여, 당시 활발하게 활동하던 민중예술가들, 그리고 실학자들과도 교

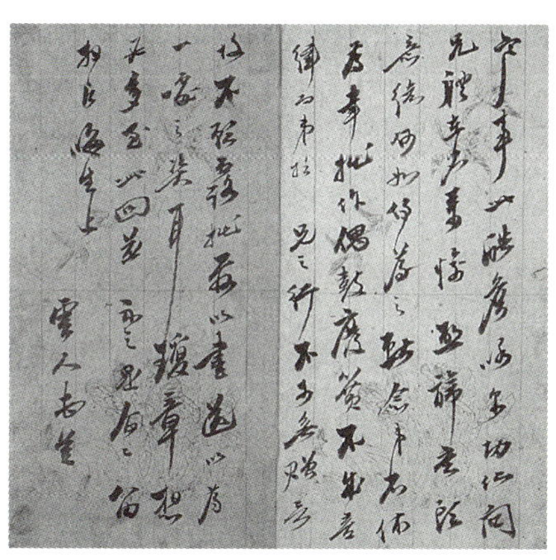

흥선대원군의 글씨. 흥선대원군은 김정희의 문인門人으로 추사체를 바탕으로 한 서체와 묵란에 뛰어났다.

유했다. 그는 추사秋史 김정희金正喜를 스승으로 모시고, 당대의 판소리 명창들을 친구로 두었다. 그가 기생집을 드나든 것도 능력을 숨긴 것이 아니라 세력을 거리낌 없이 넓힌 것으로 볼 수 있다.

마침내 철종이 후사 없이 죽어 후계 문제가 대두되었을 때, 왕실에서는 강력한 힘을 가진 '왕족'이 권력을 잡고 나라를 바꾸기를 바랐다. 그 일을 맡을 적임자로 대원군을 선택했고, 그래서 대원군의 둘째아들 '명복命福'을 죽은 지 30년이 지난 효명세자(순조의 아들)의 양자로 들인 뒤 왕으로 앉히고, 섭정으로 대원군을 임명해 개혁 정치를 추진한 것이다.

아직 오지 않은 근대

정치는 혼자 하는 것이 아니다. 하물며 기득권 세력의 반발을 눌러야 하는 개혁 정치에는 든든한 지지 세력이 반드시 필요하다. 대원군은 오랜 시간 차분히 지지 세력을 모았고, 그러한 충분한 준비가 있었기에 이후 10년간 조선을 통치할 수 있었다.

대원군의 '불우했던' 과거는, 그가 세도정치가의 견제를 극복하며 지지 세력을 모으는 과정에서 겪은 '고난'과 '역경'을 소설적으로 표현한 것이다. 그 고난을 극복하고 개혁을 추진했으나, 결과는 실패로 돌아가고 말았다. 이러한 대원군의 삶에 소설적 각색이 덧씌워지면서 그에 대한 연민의 시선이 만들어진 것일 게다.

그러나 대원군의 개혁은 세도정치가를 상대로 한 것이었으며, 궁극적으로는 왕실의 안정을 위한 것일 뿐 진정한 의미의 '근대적' 개혁은 결코 아니었다. 어쩌면 '왕족'이란 신분과 '대원군'이라는 지위 속에 개혁의 한계가 이미 잠재되어 있었는지도 모른다. 우리에게 필요한 '근대'적 개혁은 좀 더 기다려야 했다.

대원군 왕이 직계 자손이나 친형제 없이 세상을 떠나면 종친 중에서 왕을 삼는데, 이때 왕의 생부를 '대원군'이라 한다. 조선 역사에서 대원 군은 선조의 생부 덕흥대원군, 철종의 생부 전계대원군, 그리고 고종의 생부 흥선대원군 세 명이 있었다. 이 중 살아서 대원군 칭호를 받은 자 는 흥선대원군밖에 없다. 때문에 '대원군' 하면 으레 흥선대원군을 떠 올리게 된다.

03

근대사의 뜨거운 감자
강화도 조약

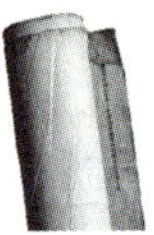

교과서 속 한 줄 역사 강화도 조약은 조선이 외국과 체결한 최초의 조약이다. 그러나 일본이 서구 열강에게 강요당했던 불평등한 내용을 조선에 그대로 강요한 타율적이고 불평등한 조약이었다.

고종 13년(1876) 조선이 일본과 맺은 강화도 조약은 불평등조약이다. 조선은 이 조약을 체결한 뒤 열강의 잇따른 침략에 시달리기 시작했고, 끝내 한일병합의 비극을 맞았다. 여기서 궁금한 것 하나, 그렇다면 강화도 조약을 체결하지 말았어야 했을까?

이 질문에 대한 교과서적인 답변은 '최대한 평등하게 조약을 체결했어야 한다'일 것이다. 그러나 이건 현실적인 대답이 아니다. 당시 일본은 이미 20년 전에 개항을 하여 근대적 문물과 제도를 수용했으며 상당한 외교적 능력을 갖추고 있었다. 그런 일본과 조약을 맺으면서 어떻게 조선에 유리하게 체결되기를 바랄 수 있겠는가. 전쟁과 다름없는 외교 무대에서 아마추어와 프로가 맞붙어 아마추어가 이기길 바라는 것은 무리다.

강화도 조약의 의미

그렇다면 역시 강화도 조약을 체결하지 말았어야 하는 것 아닌가? 그렇지 않다. 만약 그때 끝내 문을 닫아걸고 쇄국鎖國(자물쇠를 채우듯 다른 나라와의 교역을 금지하는 것)을 했다면 더한 꼴을 당했을지도 모른다. 강화도 조약을 맺은 뒤 열강들이 파도처럼 밀려온 걸 보면 쇄국을 계속 유지하는 게 가능했을지 의문이며, 일본이 아닌 다른 나라와 조약을 체결하거나 좀 더 늦게 개항한다고 해서 조선에 유리했을 거란 보장도 없다. 그나마 개항을 통해 근대적 사상과 제도들이 유입되고, 그 과정에서 많은 근대적 사상가와 정치인들이 성장함으로써 이런저런 개혁을 시도해 볼 수 있었다. 그리고 결과론적 이야기지만 이것이 이후 독립운동을 벌이고 해방을 맞이하는 데 큰 밑거름이 되었다.

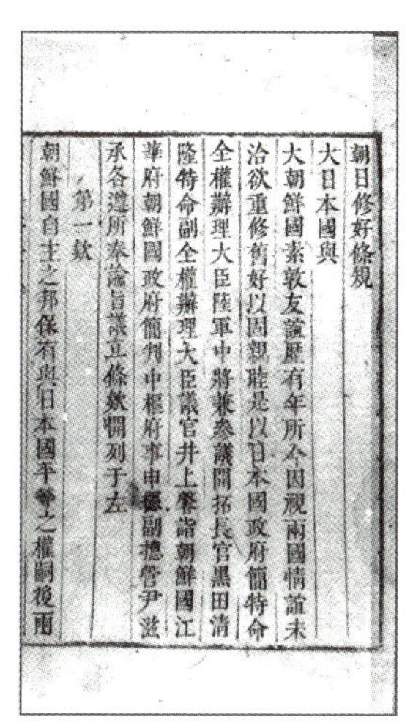

1876년 강화부에서 조선과 일본 사이에 체결된 '조일수호조규'(강화도 조약)의 제1조 부분. ⓒ국사편찬위원회.

그럼 도대체 강화도 조약은 우리 역사에서 어떤 의미를 갖는 것일까? 한 마디로 강화도 조약은 조선이 치러야 했던 수업료 같은 것이었다. 이는 중국과 일본이 다른 열강과 체결한 조약과 비교해 보면 알 수 있다. 일본 막부 말기인 1858년 일본이 미국과 맺은 '미일수호통상조약'의 내용을 보면 강화도 조약과 크게 다르지 않다. 그래서 일본이 미국에게 당한 걸 조선에 그대로 써먹었다고 평가하기도 한다.

중요한 것은 그럼에도 일본은 근대화에 성공하고, 우리는 실패했다는 사실이다. 일본은 미국에 침략 거점을 제공하고 치외법권을 내주고 군사적 위협을 당하면서도 서구 문명 수용을 게을리하지 않았다. 저항이 없었던 것은 아니다. 톰 크루즈가 주연한 영화 〈라스트 사무라이〉에서 볼 수 있듯이 구세력들의 격렬한 저항이 이어졌지만, 결국 극복하고 근대화에 성공하여 아시아 최강의 나라로 발돋움했다.

조선이 근대화에 실패한 두 가지 이유

반면 조선은 어땠는가? 구세력의 반발을 꺾지 못했고, 열강의 침략도 이겨 내지 못했다. 조선의 구세력은 왜 그토록 격렬하게 근대화에 저항했을까? 아니, 개혁 세력은 왜 그러한 저항을 꺾지 못했을까?

첫째, 조선은 근대화의 필요성을 절실하게 느끼지 못했다. '소중화小中華' 의식, 곧 명나라가 멸망한 뒤 맥이 끊어진 중화 문명을 계승한 조선이 천하의 유일한 문명국이라는 의식에 깊이 젖어 있었기 때문이다. 조선의 지배층은 중국 외에 다른 나라를 모두 우리 아래라고 깔보았다. 일본은 오랑캐이고, 서구는 그보다 못한 금수와 같은 존재로 인식했다. 그러니 우리보다 후진적인 나라들과 불평등을 감수하며 굳이 손잡을 필요가 없다고 생각한 것이다.

두 번째로 종교적 문제가 있었다. 조선은 유교의 나라였다. 1,500년 동안 믿어 온 불교조차 배척한 조선으로서는 완전히 새로운 종교와 접촉하고 그것을 받아들이는 것이 너무 부담스러웠다. 물론 낯선 종교가 들어와도 믿는 사람이 없을 거라고 확신한다면 문제될 것이 없다. 실제로 중국과 일본은 기독교를 받아들였지만 그 영향은 매우 미미했다. 하지만 조선의 지배층에게는 그런 자신감이 없었다. 아니, 애초에 이질적인 문화를 받아들일 포용성이 없었다.

마지막으로 개화 정책을 추진한 사람들도 문제였다. 그들 역시 근대 의식이 부족했다. 그들은 보수 세력과 싸울 생각만 했지, 근대화를 이루어 조선을 어떤 나라로 이끌 것이며, 그러려면 무얼 해야 하는지 구체적인 계획을 갖고 있지 못했다. 이런 이유들로 인해 조선은 근대화에 '실패한 나라'가 되고 말았다.

만약 강화도 조약을 체결한 뒤, 조선이 성공적으로 근대화를 이루

 일본은 1853년 페리 제독이 이끄는 미국 함대의 무력시위에 굴복하여 1854년 미일화친조약을 맺고 하코다테函館와 시모다下田의 두 항구를 개항했다. 이어 1858년에 체결한 미일수호통상조약은 하코다테와 시모다 외에 여러 항구 개항, 거류지 설정, 치외법권, 최혜국 대우, 외국 화폐 사용, 관세 자주권 포기 등 불평등한 내용을 담고 있었다. 그로부터 15년 뒤 일본은 이를 조선에 적용했다. 운요호를 앞세워 강제로 개항한 뒤 조일수호조규(강화도 조약) 및 부속 조약을 체결하여 3개 항 개항, 거류지 설정, 무관세, 치외법권 등의 내용을 강요한 것이다.

고종 13년(1876), 강화도 조약을 맺는 조선 대표와 일본 대표. 강화도 조약은 조선이 근대로 나아가려면 반드시 내야 할 수업료와 같았다.

었다면 어땠을까? 역사는 강화도 조약을 높이 평가했을 것이다. 조약의 불평등성 등 문제점을 지적하긴 하겠지만, 그로 인해 얻은 것, 변화된 것이 더 많았을 것이기 때문이다. 그러나 안타깝게도 강화도 조약은 한국 근대사에서 패배한 역사의 대명사로 기억되고 있다.

근대로 한 걸음 나아가기 위해 반드시 치러야만 했던 것, 그렇기에 높이 평가받아야 하지만 지난 140여 년 동안 가장 일관되게 비난받은 사건이 바로 강화도 조약이다. 어쨌든 이렇게 말 많고 탈 많은 강화도 조약을 체결함으로써 조선은 근대에 발을 들여놓게 되었다.

04

'젠틀맨'이 일본으로 간 까닭은?
신사유람단

　1881년 음력 2월 2일, 아직은 밤낮으로 쌀쌀한 데다 그믐을 지난 지 얼마 되지 않아 달빛도 빈한한 밤이었다. 나이 마흔이 되어 중년으로 접어든 박정양朴定陽은 왕의 급한 부름을 받고 총총걸음으로 입궐했다. 과거에 급제하여 관직에 몸담은 지 15년, 벼슬은 법무부 차관에 해당하는 형조참판이었다. 고종은 박정양이 입시하자 그를 물끄러미 바라보더니 말했다.

　"요즘 경상도 정치가 불안하다 하오. 참판이 동래(부산) 암행어사로 가서 경상도와 동래 일대의 시정時政을 돌아보는 게 좋겠소. 자세한 내용은 여기 봉서에 있으니 이걸 보고 그대로 하시오."
"성은이 망극하옵니다."

박정양은 고종에게 절을 올리고 관례에 따라 급히 궐을 빠져나왔다. 암행어사에 봉해지면 비밀리에 간단히 행장을 꾸려 그날 중으로 한양을 빠져나가야 했다. 심지어 집에 알리지도 못하고 떠나는 경우도 있었다. 박정양은 일단 궐에서 나오자마자 아무도 없는 곳으로 가서 조용히 봉서를 열어 보았다. 봉서의 내용은 전혀 뜻밖이었다.

"동래부 암행어사는 보아라. 일본을 대략 염탐하는 것이 필요하다. 일본 배를 빌려 타고 그 나라로 건너가 충분히 시간을 두고 살핀 뒤 문서로 보고하라. 급히 성을 나갈 필요는 없으니 집에서 출발 준비를 하고 떠나도 좋다."

고종의 노림수

강화도 조약을 체결한 지 5년이 지났지만 보수파들의 저항에 부딪혀 이러지도 저러지도 못하고 있던 고종은, 지지부진한 개혁 작업에 돌파구를 마련하고자 몰래 일본에 사절단을 파견해 서양 문물을 배워 오게 하려고 마음먹었다. 박정양은 고종의 명대로 암행어사 행세를 하며 동래, 곧 지금의 부산으로 향했다. 부산에 도착해 보니, 박정양과 마찬가지로 동래 암행어사로 임명을 받고 내려온 사람이 열한 명 더 있었다. 홍영식洪英植, 어윤중魚允中 등 평소 고종이 아끼던 개화파 관료들이었다.

그들은 일본 배를 타고 일본으로 건너가 각자 분야를 나누어 일본 문물을 견학했다. 내무 및 농상무를 맡은 박정양은 자기 분야의 일본 고위 관료들과 만나고 여러 제도와 문물을 시찰하며 바쁜 시간을 보냈다. 그 와중에 조사시찰단의 활약이 일본 언론에 보도되면서 조선에까지 이 소식이 알려졌다. 개혁에 반대하는 보수파들이 고종을 비난하고 나섰다. 고종은 시치미를 뗐다.

"그들은 내가 보낸 게 아니라, 자기 의지로 간 것이네."

1872년 도쿄 박람회 풍경. 전 세계에서 온 진기한 물건들이 전시되어 있는 모습이 인상적이다. 1854년 개항 이후 일본은 서양 문물 수입에 적극적으로 나섰다.

"도대체 그들이 왜 거길 갔단 말입니까?"

"신사gentleman들이 유람picnic을 간 거겠지. 여행을 다니며 견문을 넓히라는 건 성현의 가르침이 아닌가."

정부가 보낸 조사시찰단은 이렇게 해서 졸지에 '신사유람단'으로 둔갑했고, 이와 함께 시찰단에 대한 정부 지원도 모두 끊겼다. 일설에 따르면 조사시찰단은 일본으로 향한 지 4개월 만에 '거지꼴'이 되어 돌아왔다고 한다.

개화파의 모태가 되다

조선에 돌아온 조사시찰단은 고종에게 보고서를 올렸다. 그들은 1868년 메이지 유신 이후 일본의 변화와 그에 따른 혼란을 자세히 보고했는데, 특히 내무와 농상을 살펴본 박정양은 지방의 혼란과 농민의 생활에 주목한 듯하다. 당시 일본은 1877년 무사 계급이 일으킨 세이난西南 전쟁과 1880년대 농민반란 등 반개혁적 저항으로 어려움을 겪고 있었다.

"일본은 서양의 제도를 좇아 위로는 정치·제도·풍속에서부터, 아래로는 의복과 음식에 이르기까지 변하지 않은 것이 없습니다. 일본은 겉으로는 부강해 보이지만 속은 그렇지 않은 경우도 많습니다."

시찰단은 짧은 기간이지만 많은 것을 보고 배워 와 요긴하게 써먹었다. 박정양은 온건 개혁파로서 1890년대 동학농민운동 이후에 큰 활약을 펼쳤으며 독립협회와 관민공동회에도 참여했다.

박정양 외에도 중요한 개화파들이 조사시찰단에서 배출되었다. 이들이 국가의 지원을 받으며 지속적이고 안정적으로 조사 작업을 수행했다면, 우리의 근대적 개혁은 더욱 활발히 이루어지지 않았을까? 근대의 문턱에서 막중한 임무를 띠고 일본에 파견된 시찰단이 '신사유람단'이라는 한가한 이름으로 활동할 수밖에 없었던 웃지 못할 사연 속에는, 당시 조선의 암울한 현실이 담겨 있다.

05

척사파의 마지막 반격
영남만인소

조선은 유교의 나라, 그중에서도 성리학의 나라였다. 조선의 지배층은 성리학만이 세상의 유일한 진리이자 빛이라고 여겼으며 그 외 종교와 사상은 인정하지 않았다. 고려시대까지 나라의 종교였던 불교조차 구중궁궐 왕실과 아녀자의 신앙으로만 겨우 명맥을 유지할 수 있을 정도였다.

성리학을 절대불변의 진리로 신봉하는 경향은 조선 후기 들어 더욱 심화된다. 17, 18세기에 상업이 발달하고 신분제가 흔들리자 양반들은 자신들의 기득권을 하늘의 섭리로 정당화해 주는 성리학을 적극 옹호했고, 양반 기득권에 손을 대려는 자는 사문난적斯文亂賊(유교의 교리를 어지럽히고 사상에 어긋나는 언행을 하는 사람), 곧 이단으로 몰아 탄압하였다. 성리학은 더더욱 신성불가침의 절대 교리가 되어 갔다.

성리학자들의 위기의식

19세기에 서양 선교사를 통해 들어오기 시작한 천주교(서학西學)는 양반 성리학자들에게 커다란 위협이었다. 그들은 두 가지 측면에서 서학을 이단으로 몰았다. 하나는 '인격화된 신'을 신봉한다는 것, 또 하나는 '평등과 사랑'의 교리였다.

음양오행의 이치에 따라 세상이 움직인다고 보는 성리학은, '인격화된 신'의 존재나 '관념적 의지'를 믿는 행위를 미신으로 치부했다. 불교를 부정하고 무당 주술을 탄압한 것도 그런 이유 때문이었다. 기도를 하고 절대자의 의지에 따라 세상이 움직인다고 주장하는 것은 혹세무민의 술법이라는 것이다. 또한 성리학자들은 양반이 존귀한 것은 하늘의 이치이며, 양반의 역할과 농農·공工·상商의 역할도 모두 정해져 있다고 보았다. 그것이 바로 '분수'이다. 분수에 넘지는 것을 원하는 것은 자연의 이치를 거스르는 행위로서 세상을 혼란에 빠뜨린다. 그런데 하느님 아래 모두 평등하다니!

19세기 중엽 이후, 특히 1842년 아편전쟁으로 중국이 문호를 개방하자, 조선에서도 서양에 문을 열고(개항), 서양 문물을 받아들여 개혁을 추진(개화)해야 한다고 주장하는 이들이 많아졌다. 성리학자들은 그리 되면 사이비 종교가 퍼지고 하늘의 질서가 무너질 거라고 걱정했다. 이는 곧 암흑의 도래요 종말의 문이 열리는 것과 같았다. 그들은 순교를 각오하고 개화를 결사적으로 막았다.

그러나 흥선대원군이 실각하고 고종이 직접 정치 전면에 나서면서 개항이 이루어지고 개화 정책도 조금씩 추진되었다. 점점 성리학을 비웃고 양반을 능멸하는 자가 늘어났다. 성리학자들이 걱정했던 최후의 순간이 다가오고 있었다.

고종과 보수파의 결전

그즈음 1881년 수신사로 일본에 간 김홍집金弘集이 《조선책략朝鮮策略》을 가져와 유포시켰다. 이 책은 일본 주재 청국 공사관 참찬관인 황쭌셴黃遵憲이 지은 것으로, 조선이 안전하려면 중국·일본과 가까이 지내고 미국과 수교해야 한다는 내용을 담고 있었다.

작은 소책자에 불과했지만 이 책이 유입된 뒤 조선 조야의 반향은 상당히 컸다. 이는 적극적으로 개화를 추진하여 서양 문물을 직접 수용하려 한 개화파의 계략이었다. 성리학자들은 마지막 결단을 내려야 한다고 생각했다. 여기서 더 밀리면 '미신의 시대'가 열릴 터였다.

그리하여 영남 성리학자들을 중심으로 1만여 명의 선비가 이름을 올린 '만인소萬人疏'를 작성하게 되었다. 이 상소에서 유학자들은 개화 정책의 부당함을 밝히며 개화파를 처벌하라고 주장했다. 만인소를 받아든 고종은 전율했다. 그것은 최후통첩이었다. 개화를 주장하는 자를 처벌하라는 것은 바로 고종 자신에게 화살을 겨눈 것과 같았다. 계속 개화 정책을 추진하면 더 이상 왕으로 인정하지 않겠다는 의미

황쭌센의 《조선책략》. 황준헌은 이 책에서 러시아가 이리처럼 탐욕하여 유럽에서 아시아까지 정벌에 힘써 온 지 300여 년 만에 드디어 조선까지 탐낸다고 하면서, 조선이 이를 방어하려면 친중국親中國, 결일본結日本, 연미국聯美國하여 자체의 자강을 도모해야 한다고 주장했다.

였다. 고종도 최후의 결단을 내려야 했다.

고종은 만인소의 주동자 이만손李晩孫 등을 유배형에 처하고 관련자들을 처벌했다. 척사파의 공공연한 도전 행위를 덮고 넘어가면 더 이상의 개화는 어렵다고 판단한 것이다. 하지만 영남만인소로 촉발된 척사파의 반발은 수그러들지 않았다. 그해 여름, 이번에는 강원도 유생 홍재학洪在鶴이 척사 상소를 올렸다. 이 상소는 만인소보다 한층 더 격렬하고 징면으로 국왕을 거냥하고 있있다. 분노한 고종은 홍재학을 기군죄欺君罪로 다스리라고 명했다. 기군죄는 '왕을 능멸한 죄'로, 반역죄와 함께 조선시대 가장 무거운 죄였다. 홍재학은 목이 잘리는 참형에 처해졌다.

급기야 그해 가을에는 고종을 폐위하려는 반란 음모가 발각되었다. 홍선대원군의 서자 이재선을 새로운 왕으로 앉히려는 척사파의 음모였다. 역시 고종은 사건 두 달 만에 자신의 이복동생 이재선을

전격 처형함으로써 척사파에게 강한 반격의 의지를 보여 주었다. 척
사파는 일본과 간단한 교역을 하는 것조차 격렬하게 반대했다. 고종
또한 뜻을 굽히지 않고 강하게 대처했고, 결국 1881년의 대충돌 이후
1882년 미국과 조약(조미수호조약)을 체결하면서 개화 정책은 한층
더 속도를 내게 된다.

영남만인소로 촉발된 보수와 개혁 세력의 대충돌은, 서양과의 직
접 교류와 강화된 개혁 정책 추진을 위해서는 불가피한 충돌이었다.
그 뒤 조선은 전혀 새로운 세상으로 한 발 더 나아가게 된다.

06

"난, 내 민족을 못 믿겠다"
김옥균

교과서 속 한 줄 역사　김옥균 등의 급진 개화파는 청의 내정간섭과 정부의 보수적 친청親淸 정책 때문에 개화 정책 추진이 어려워지고 신변의 위협까지 느끼게 되자, 일본의 군사적 지원을 믿고 갑신정변을 일으켰다. 정변이 실패하면서 청의 내정간섭은 심화되고 개화 세력은 약화되었다. 하지만 김옥균이 추진한 갑신정변은 근대국가 건설을 위한 최초의 정치 개혁 운동이라는 데 역사적 의의가 있다.

서울 종로구 재동과 주변의 가회동·삼청동 일대는 조선시대 왕족이나 고위 관직에 있던 사람들이 많이 거주하던 지역으로, 종각과 청계천의 북쪽에 자리 잡고 있다 하여 '북촌北村'이라고 불렀다. 그중 현재 헌법재판소가 자리 잡고 있는 재동에는 실학파의 거두인 박지원朴趾源의 손자 박규수朴珪壽의 집이 있었다.

박규수의 집 사랑방에 박규수의 조카이자 훗날 철종의 사위가 되는 박영효朴泳孝가 어릴 때부터 친구들과 함께 드나들었고, 이들은 박지원이 쓴 실학 관련 서적과 박규수가 모은 개화 관련 물품, 그리고 박규수와 교우하던 역관 오경석吳慶錫의 서양 문물 등을 접하며 개화 사상을 키웠다. 이들이 훗날 소위 급진 개화파의 주역이 된다.

급진 개화파의 한계

이들을 이끈 인물이 김옥균金玉均이었다. 1851년생인 김옥균은 19세기를 지배하던 세도정치가 안동 김씨 집안 소생으로, 안동 김씨 집안의 정치성과 반왕권적 사상을 모두 타고났다. 김옥균은 자신보다 열 살이나 어리지만 유력 인사인 박영효와 함께 어린 시절 우정을 바탕으로 재동 친구들을 하나로 묶고, 그들과 함께 강력한 개화 정책을 추진하고자 했다.

당시 중국은 양무운동洋務運動, 일본은 메이지 유신으로 조선보다 앞서 개화 정책을 시행했다. 고종과 명성황후를 비롯하여 대부분의 조선 정치인들은 두 나라 중 일본식의 급진적인 개혁보다 온건한 중국식 개혁을 선호했지만, 김옥균과 그의 동지들은 달랐다.

김옥균은 일본을 직접 방문하여 근대화 과정을 눈으로 직접 확인하고, 일본의 대표 정치가들과도 접촉하면서 그들에게 깊은 인상을 받았다. 특히 일본 근대화의 아버지 후쿠자와 유키치福澤諭吉와 직접 교류하며 큰 영향을 받았다. 그런 까닭에 김옥균은 일본이 정한론을 앞세우며 조선에 대한 침략 야욕을 드러내도 아랑곳하지 않고, 일본식 개혁을 통해 강해져야 한다고 주장했다.

하지만 김옥균의 주장은 조선에서 받아들여지기 어려웠다. 그가 주장하는 일본식 개혁은 조선 왕실을 위협할 수도 있는 급진적 내용을 담고 있었다. 개화 정책을 추진하는 것도 어려운 마당에 온건한 개화파마저 위협하는 급진적 사상은 환영받기 어려웠다.

그 와중에 1882년 임오군란王午軍亂이 일어나자, 이를 진압하겠다는 구실로 청나라 군대가 들어와 용산에 주둔하기 시작했다. 청나라는 김옥균을 비롯한 반청 친일파들을 제거하려 했다. 김옥균은 사태를 해결하려고 백방으로 노력했으나 해결의 기미가 보이지 않자 쿠데타

이홍장李鴻章 이홍장은 농민반란(태평천국의 난)이 일어나자 이를 진압하려고 민병대를 조직했다. 유럽 군대와 연합작전을 펴며 서양 무기의 우수성을 깨닫고 이를 적극적으로 도입하려 했고, 곧 청나라식 근대화 운동의 지도자가 되었다. 하지만 청일전쟁에서 패하면서 그의 개혁은 실패로 돌아갔다.

후쿠자와 유키치福澤諭吉 19세기 일본의 대표적 근대 사상가로서 1만 엔짜리 화폐 초상화의 주인공이며, 일본 명문 게이오 대학의 창립자이다. 한국의 개화파 김옥균, 중국의 근대 사상가 캉 유웨이가 모두 그의 영향을 받았으니, 아시아 근대사상의 지존이라고 할 수 있다. 하지만 말년에 한일병합을 적극 지지해 우리에게는 좋지 않은 인상을 남겼다. 그는 서양의 기계와 무기를 수입하기보다는, 서양의 제도와 사상을 수용할 것을 강조하는 문명 개화론을 주창하였고, 이것이 일본 근대화의 바탕이 되었다.

메이지明治 천황 일본의 메이지 천황은 개항 이후 정치적 혼란을 수습하는 과정에서 강력한 왕권을 구축하고 개혁을 추진했다. 하지만 천황의 근대적 개혁에 반대하는 무사 계급이 세이난 전쟁을 일으키는 등 반발하고 농민반란도 빈번히 일어나자 입헌군주제로 이 문제를 해결하려 했다. 결국 일본은 천황이 추진한 서구식 개혁을 통해 근대화의 길로 나아가게 된다.

를 일으키기로 마음먹었다.

'쿠데타'란 군대를 동원해 무력으로 권력을 잡는 것을 말한다. 그렇다면 김옥균은 어떤 군대를 동원하려고 했을까? 당시 조선 안의 군대는 청나라 군대와 소수의 왕실 경호 병력이 전부였으므로, 외국의 군대를 빌려 오는 방법밖에 없었다. 김옥균은 미국에 도움을 요청하려고 했다. 당시 상황을 《윤치호 일기》는 이렇게 묘사하고 있다.

그날 저녁 김옥균이 찾아와 울분을 토로했다. 이유를 물으니 대답하기를, 미국 대사에게 가서 군대를 요구했더니 거절하더란다. 그러면서 미국 대사가 군대의 힘이 아니라 국민의 힘으로 바꾸어야 한다고 말했다고 한다. 김옥균이 우리 국민은 어리석어서 믿을 수 없다며, 지금 미국의 힘으로 권력을 잡고 국민을 깨우쳐야 진정 바꿀 수 있다고 말했지만, 미국 대사는 계속 국민의 힘만 강조하더라는 것이다.

결국 김옥균은 일본에 의탁하여 도움을 약속 받고 1884년 갑신정변甲申政變을 일으켰다. 그러나 이들 급진 개화파의 집권은 일본의 배신으로 3일 만에 막을 내리고, 김옥균은 일본으로 도망쳐 망명 생활을 하다가 왕실에서 보낸 자객 홍종우에게 암살당하고 말았다.

김옥균에 대한 엇갈린 평가

격변의 시대에 파란만장한 삶을 살았던 김옥균에 대한 평가는 두

갈래로 나뉜다. 친일파의 시조 혹은 근대적 개혁의 선구자가 그것이다. 김옥균이 그토록 믿었던 후쿠자와 유키치는 훗날 한일병합의 정신적 지주가 되었고, 살아남은 갑신정변의 주역 박영효는 이완용 등과 함께 한일병합의 일등 공신이 되었다. 하지만 갑신정변의 정신이 이후 개화운동과 근대화운동의 밑거름이 된 것도 사실이다. 이처럼 양쪽 모두에 큰 영향을 끼쳤기에, 김옥균에 대한 평가는 선뜻 결론 내리기 어렵다.

사실 이러한 논쟁이 일어날 수밖에 없는 원인은 김옥균 자신에게 있다. 근대적 개혁은 결국 민주주의 혁명, 곧 국민을 기반으로 한 혁명이다. 그러나 김옥균은 국민을 믿지 못하고 국민과 함께하려 하지 못했다는 점에서 전근대적 한계를 안고 있었다. 이러한 혼란, 즉 근대성과 전근대성이 혼재된 상태에서 정변을 일으켰다가 비극적으로 생을 마감했기에, 김옥균에 대한 평가는 너더욱 쉽지 않다.

근대사회의 가장 큰 특징은 민주주의, 곧 정치의 주체가 국민이라는 데 있으며, 국민의 뜻을 어떻게 이해하고 받아들일 것인지는 오늘날에도 여전히

갑신정변의 주역들. 왼쪽부터 박영효, 서광범, 서재필, 김옥균.

큰 과제이다. 그런 점에서 김옥균은 현재 한국 정치에도 시사하는 바가 큰 화두적 인물이라고 할 수 있다.

07

조선은 줍는 자가 임자
거문도 사건

1882년 임오군란, 1884년 갑신정변의 연이은 혼란을 청나라 군대가 모두 진압한 뒤, 조선에 대한 정의 내정간섭은 도를 넘어섰다. 애초에 임오군란을 진압하려고 청을 끌어들였던 고종과 명성황후는, 자신의 통치권과 나라의 자주권까지 위협당하는 지경에 이르자 생각이 달라졌다.

국제 분쟁의 희생양

조선 정부는 청나라를 견제하고자 다양한 외교 활동을 펼치며 러시아를 끌어들이기 시작했다. 갑신정변 직전 러시아와 외교 관계를 수립한 이래로, 열강들을 적절히 견제하며 조선의 개화 정책을 도와 줄 파트너로 러시아를 염두에 두고 있던 참이었다.

이러한 조선의 움직임은 반러 국가들을 자극했다. 그중에서도 러시아의 바다 진출을 적극 막던 영국이 가장 예민하게 반응했다. 마침내 1885년 3월 영국은 남해안의 거문도를 불법 점령하고 해군 기지를 건설했다. 러시아의 남하를 막기 위한 군사적 행동이었다.

졸지에 영국에게 영토를 빼앗긴 조선은 청나라를 앞세워 거문도 반환을 요구했지만 영국은 요지부동이었다. 영토를 되찾을 힘이 없는 조선은 다시 청에 의존할 수밖에 없었다. 그러나 청나라도 영국과 러시아에 압력을 넣을 정도의 힘은 없었다. 결국 러시아와 영국이 한반도를 둘러싸고 격렬하게 대립하면서 조선은 국제분쟁의 소용돌이

거문도에 주둔한 영국군. 영국은 러시아의 남하를 막고자 거문도를 불법 점령했다.

에 빠질 위험에 처했다.

이즈음 '한반도 중립화론'이 주목을 받기 시작한다. 1885년 2월 주한 독일 부영사 부들러Budler, H.가 고종에게 처음 '조선 중립화론'을 제기했고, 유길준兪吉濬도 이와 비슷한 주장을 한 바 있다. 중립화론이 나왔다는 것은, 그만큼 한반도가 위험한 지경에 빠져 있었음을 의미한다.

그러나 전략적 요충지인 한반도가 영세 중립국이 되려면 무엇보다 스스로를 지킬 힘이 있어야 했다. 조선은 중립국화를 실현할 힘도 의지도 없었기에, 적절한 외교 활동을 펼치며 독립을 유지하는 방향을 택할 수밖에 없었다. 오늘날의 관점에서 보면 대단히 아쉬운 일이지만, 당시 조선 정부로서는 그것이 최선의 방법이었을 것이다.

한반도를 노리는 열강들

조선은 러시아를 끌어들여 열강들의 힘의 균형을 유지하고자 노력했고, 이런 움직임 때문에 1885년과 1886년에 두 번이나 조선과 러시아가 매우 밀접한 관세를 맺고 있으며 비밀리에 조약을 체결했다는 '조러 비밀 협약설'이 퍼지기도 했다. 물론 러시아와 조선이 가까이 지냈던 것은 사실이다. 러시아 영사 베베르Karl Weber가 갑신정변 이후 한국을 둘러싼 열강의 이권 다툼에서 영국과 일본의 세력을 견제하고 러시아의 세력 확대를 도모하며 조선 정부에 많은 영향을 끼쳤고, 이때 이후 명성황후도 기본적으로 친러적 입장을 버리지 않았다.

조선 정부는 거문도를 되찾고자 영국 부영사와 청나라 주재 영국

소국 조선을 노리는 열강들. 1894년 청일전쟁 직전의 정세를 풍자한 그림이다. 조선을 낚으려는 일본과 청나라 사이에서 러시아가 관망하고 있다.

대리공사에게 항의하고, 미국·독일·일본에게 조정을 요청하는 등 다양한 노력을 기울였다. 결국 청나라의 이홍장이 적극적으로 중재에 나서서 청나라 주재 러시아 공사에게 '러시아는 한국의 영토를 어느 지점도 점령하지 않겠다'는 약속을 받아 영국에 통보함으로써, 1887년 2월 27일 마침내 영국 함대가 거문도에서 철수했다. 이렇게 해서 거문도 문제는 어렵사리 해결이 되었다.

그러나 이러한 내외적 혼란은 조선 정부를 매우 약체로 보이게끔 만들었다. 이는 아주 위험한 일이었다. 자고로 주인이 지킬 수 없는 황금은 먼저 갖는 사람이 임자다. 한반도는 동북아시아의 황금이었고, 주인은 지킬 능력이 없어 보였다. 열강들은 홀로 떨어진 새끼 양을 노리는 늑대들처럼 한반도를 둘러싸고 군침을 삼켰다.

그중에서도 한반도를 절실히 필요로 한 나라는 러시아와 일본이었다. 열강들은 러시아와 일본 중 누가 한반도를 차지하는 것이 자국에게 유리한지 저울질하기 시작했고, 그 결과 미국과 영국이 일본 편에 서게 된다. 영·미·일 3국의 연합은 훗날 1905년 러일전쟁 때 미국이 일본의 한반도 지배를 용인한 '가쓰라-태프트 밀약'과, 영국이 한반도에서 일본의 우선권을 인정한 '2차 영일동맹'으로 최종 결론이 난다. 그리고 조선은 결국 1910년 일본의 식민지가 되었다.

안타까운 시대가 남긴 교훈

1860년대까지만 해도, 일본은 조선보다 결코 우월한 나라가 아니었다. 일본이 메이지 유신을 단행하며 근대적 개혁을 천명한 것이 1868년의 일이니, 이는 대원군의 개혁보다 오히려 5년이나 늦었다. 만약 1863년에 집권한 대원군이 서양 문물을 받아들이고 근대적 개혁을 추진했다면 우리 역사는 달라졌을지도 모른다. 하지만 우리는 근대적 개혁을 하지 못했고, 일본은 했다. 일본의 개혁 세력은 기득권층의 저항을 이겨 냈지만, 조선의 개혁 세력은 보수 세력을 이기지 못했다. 그럴 만한 힘을 키우지 못했기 때문이다.

1882년 미국과 조미수호통상조약을 맺은 뒤, 1884년 갑신정변을 거쳐 1885년 거문도 사건까지 불과 몇 년 사이에 조선의 운명은 거의 결정이 나 버렸다.

그 시대를 이야기하며 '만약'이라는 말을 자꾸 하게 되는 것은 안

타까움 때문일 것이다. 그 안타까운 시대가 우리에게 주는 분명한 교
훈은, 주체적 힘이 없으면 역사의 승리자가 될 수 없다는 사실이다.

08

강해서 더욱 슬픈 여인

명성황후

"내가 범을 며느리로 들였구나."

홍선대원군은 며느리 명성황후를 처음 보고 이렇게 말했다고 한다. 또한 고종과 명성황후를 네 번이나 만난 영국인 이사벨라 비숍 Isabella Bird Bishop 여사는, "(왕비의) 눈빛은 차갑고 날카로우며 예지가 빛나는 표정이었고, 얼굴은 눈부신 지성미로 빛났다."고 썼다. 명성황후가 대단히 총명하고 아름다운 여걸이었음을 알 수 있는 대목이다.

하지만 한 가지 분명하게 짚고 넘어갈 것이 있다. 명성황후의 삶을 다룬 뮤지컬·드라마·영화 등에서 그녀를 '당당하고 카리스마 넘치는 조선의 국모'로 그리며 미화하고 있지만, 그녀는 조선의 마지막 통치자 중 한 명으로서 분명 망국의 책임을 져야 할 사람이라는 사실이다. 비극적인 삶을 살았다고 해서 무조건 면죄부를 줄 수는 없는 것이다.

황후의 위험한 정치 게임

그렇다면 정치인 명성황후는 어떤 사람이었을까? 그녀 앞에는 두 가지 큰 과제가 놓여 있었다. 하나는 남편 고종과 함께 개화 정책을 추진하여 나라를 위기에서 구해야 한다는 것이었고, 또 하나는 조선 왕조를 끝까지 지켜 내야 한다는 것이었다. 그러나 불행히도 이 두 임무는 상충할 수밖에 없었고, 이것이 그녀를 평생 괴롭혔다.

1873년 전근대적 개혁 정책을 펼치던 대원군이 최익현崔益鉉의 탄핵을 받아 실각하여 운현궁으로 돌아가자, 고종과 명성황후는 친정親政을 선포하고 개화 정책을 추진하기 시작했다. 그 뒤 대원군과 명성황후는 죽을 때까지 적대 관계를 유지하게 된다.

우여곡절 끝에 권력을 잡긴 했으나 기본적으로 '왕권을 유지하는 개혁'을 지향했던 명성황후의 온건개화파는, 왕권을 약화시키고 민주주의를 강화시키려는 김옥균 등의 급진파와 대립한다. 황후는 죽을 때까지 대원군으로 대표되는 보수파와 김옥균 등의 급진파 사이에서 위험한 정치 게임을 계속해야만 했다.

이때 황후가 선택해야 할 정답은 '백성'이었다. 백성을 자기편으로 만들어 민심을 등에 업고 반대파와 싸워 나가는 길밖에 없었다. 하지만 개화파들에게 민심은 너무 어려운 개념이었다. 그때까지만 해도 민심이란 전통적인 유교 정치 이념 속에 존재하는 봉건사상일 뿐, 현대적인 국민 여론 개념은 아직 형성되지 않았다.

더군다나 황후는 오히려 사사건건 백성들과 부딪히기만 했다. 그 충돌의 지점에는 민씨 척족, 즉 황후의 친인척들이 있었다. 황후는 반대파를 견제하고 권력을 지키고자 많은 친인척을 등용했는데, 이들이 당시 권력형 부정부패의 주범이었다. 친척 오빠 민겸호의 부정부패가 임오군란을 불러왔고, 급진파의 반란 사건인 갑신정변 때 제1 척결 대상으로 찍혀 맨 처음 칼을 맞은 사람도 황후의 친척인 민영익이었다.

황후 역시 백성들에게 지탄을 받았다. 그녀는 20~30대에 아이를 여러 번 유산하면서 심리적으로 대단히 불안정한 시기를 보내며 무당굿에 심취하여 국고를 탕진했다. 온 나라가 굶주리는 상황에 세금을 탕진하며 굿판을 벌이는 황후를 좋게 볼 백성이 어디 있겠는가.

반대파와 백성들의 저항을 받으면서 황후는 점점 더 외세에 의존하게 된다. 일본을 견제하고자 친청 정책을 취하다가, 청을 견제하려고 러시아를 끌어들였고, 친러 정책은 영·미·일의 반발을 불러와 오히려 한반도를 긴장에 휩싸이게 만들었다. 결국 1895년 10월 8일, 아직 추석 보름달의 잔영이 남아 있던 밤에 명성황후는 일본 낭인들에게 비참하게 살해당하고 말았다. 명성황후가 죽음에 이르는 과정이야말로 조선의 망국을 상징적으로 보여 주는 장면이다.

어처구니없는 그날의 상황

한 나라의 최고 지도자인 왕이나 황후, 대통령이 암살당했다고 생각해 보라. 치밀한 계획 아래 고도로 훈련된 킬러들이 은밀히 잠입해 저격하고 재빨리 도망치는 영화 속 장면이 떠오를 것이다. 그러나 명성황후 시해 사건, 곧 을미사변은 전혀 그렇지 않았다.

준비를 얼마나 철저히 했는지는 알 수 없지만, 을미사변에 참여한 낭인들은 정예 무사가 아니었다. 그들 중에는 기자와 편집장 등의 언론인과 심지어 소설가까지 포함되어 있었다. 은밀히 들어온 것도 아니고 수십 명이 궁 안을 몰려다니며 총을 쏘는 등 온갖 소란을 다 떨었다. 새벽 두 시에 난입한 낭인들은 대략 아침 여섯 시 전후에야 철수한 것으로 보인다. 최소 네 시간에서 6~8시간 이상 궁궐에서 온갖 행패를 저지르고 다닌 것이다.

명성황후의 장례식. 명성황후의 비극적인 죽음은 앞으로 닥칠 조선의 암울한 미래를 상징하는 사건이었다.

이게 있을 수 있는 일인가? 깡패 30여 명이 청와대에 들어가 네 시간 이상 행패를 부리고 정부 주요 요인들을 살해한 다음 떠날 때까지 아무도 제지하지 못했다면, 이런 나라를 나라라고 할 수 있을까? 한 나라의 황후가 낭인들에게 시해당했다는 사실도 놀랍지만, 그날의 상황은 더 충격적이다. 나라가 망조가 들면 이런 일도 일어나는 것이다.

정치인 명성황후

그로부터 몇 년 뒤 결국 나라는 망했고, 조선의 백성들은 35년 동안 크나큰 고통을 겪었으며, 그 후유증은 오늘날까지도 이어지고 있다. 과연 그 과정에서 황후는 아무 책임도 없다고 할 수 있을까? 그녀가 나름대로 나라를 지키려고 노력했다는 것만으로 면죄부를 줄 수 있을까? 비참한 죽음을 당함으로써 그 모든 책임을 스스로 다 졌다고 말할 수 있을까?

건청궁乾淸宮 경복궁 내 향원정 뒤쪽에 있던 궁궐로, 명성황후가 시해당한 곳이다. 고종은 즉위한 지 10년 되는 1873년에 친정親政을 선언하면서 그 뜻을 담아, 아버지 흥선대원군이 중건한 경복궁에 건청궁을 짓기 시작했다. 그러나 1876년 경복궁 대화재로 창덕궁으로 거처를 옮겼다가, 1885년에야 건청궁으로 돌아왔다. 건청궁은 1887년 우리나라에서 최초로 전등을 밝힌 곳이기도 한다. 1895년 명성황후가 건청궁의 안채인 곤녕합에서 시해된 뒤 고종은 러시아 공사관으로 거처를 옮겼고, 이후 일제가 건청궁을 철거하고 그 자리에 조선총독부 미술관을 세웠다. 1998년에 이 미술관을 철거하고 2007년에 건청궁을 복원하였다.

자연인 명성황후는 불행한 여인이었다. 망해 가는 나라의 왕비가 되어 일평생 동분서주했고, 어렵게 임신한 아이들 중 한 명만 빼고 모두 유산하거나 어려서 잃었다. 자식을 앞세운 어머니의 슬픔보다 더 큰 슬픔은 없을 것이다. 너무나도 힘들고 고통스러웠을 44년 동안의 삶의 궤적을 생각하면, 그녀는 세상에서 가장 슬픈 여인이 아니었나 싶다. 그래서 명성황후에 대해 이야기할 때면 항상 망설여진다.

그럼에도 불구하고 역사적 평가는 냉정하고 균형적이어야 한다. "정치적 영향력 또는 왕과 많은 문제를 조정하는 수단에 놀라지 않을 수 없었다."는 비숍 여사의 말에서 알 수 있듯이, 명성황후는 한 개인이기에 앞서 황후이자 정치인으로서 역사적 평가를 받아야 할 인물이다.

09
역사를 가른 두 번의 전투
동학농민운동

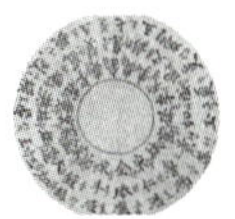

교과서 속 한 줄 역사 1894년 전라북도에서 보국안민輔國安民과 제폭구민除暴救民을 기치로 내걸고 농민군이 봉기하였다.(1차 봉기) 황토현 전투에서 승리한 농민군은 전주성을 점령하고 정부와 전주화약을 체결한 뒤 해산하였다. 그 뒤 일본군이 경복궁을 점령하고 내정을 간섭하자, 그해 10월 농민군은 다시 봉기하였지만(2차 봉기) 우금치 전투에서 패하고 말았다.

동학농민운동의 대표적인 두 전투, '황토현 전투'와 '우금치 전투'는 각각 1894년 봄과 가을에 치러졌다. 농민군은 한 전투에서는 대승을 거두었지만, 다른 전투에서는 대패했다. 두 전투는 어떤 차이가 있었기에 이렇게 승패가 갈린 것일까?

죽창으로 거둔 승리, 황토현 전투

고부군수 조병갑의 횡포에 맞서 백산에서 봉기한 농민군은 정읍 황토현에서 처음 정부군과 맞붙었다. 당시 농민군의 무기는 대부분

죽창이었던 반면, 정부군은 총으로 무장하고 있었다. 수적으로는 농민군이 압도적이지만, 총 앞에서 죽창은 보잘것없는 무기였다.

문제는 정부군의 사기였다. 정부군은 감영군과 향군鄕軍 등 지역민들로 구성되어 있었다. 정부군의 병사들은 군인이기 전에 농민이었고, 농민군과 마찬가지로 지주의 수탈과 과중한 세금 부담, 외세의 침략으로 절박한 생존의 위협에 처해 있었기에 마음속으로는 농민군의 주장에 동조하였다. 절박함 속에서 죽기 아니면 까무러치기로 들고일어난 농민군과, 속으로는 농민군과 같은 생각을 하면서 마지못해 끌려 나온 정부군의 전투는, 무기와 상관없이 이미 결판이 난 것과 다름없었다.

황토현 전투에서 승리한 농민군은 황룡촌 전투에서 다시 정부군과 맞붙었다. 이때 농민군과 맞붙은 정부군은 홍계훈이 지휘하는 경군京軍(서울 군대)이었다. 홍계훈은 임오군란 때 명성황후를 궁궐에서 탈

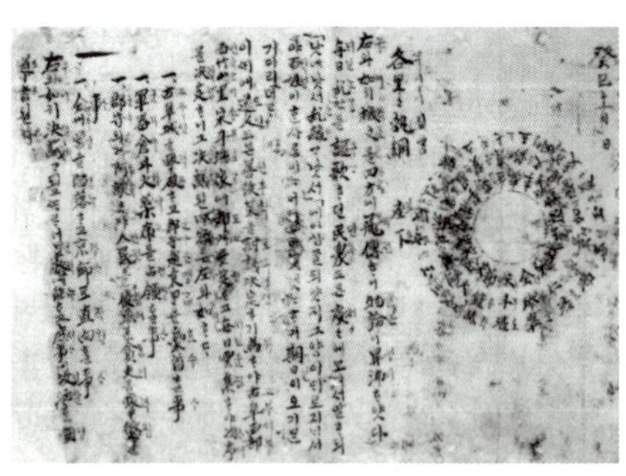

1893년 11월 고부 동학교도들이 작성한 사발통문. 주모자가 드러나지 않도록 사발을 엎어서 그린 원을 중심으로 둘러 가며 참가자의 이름을 적었다. 고부성과 전주성을 함락시키고 서울로 진격하자는 내용을 담고 있다.

출시킨 공으로 중용된 유능한 지휘관이었다.(홍계훈은 훗날 을미사변 때 광화문을 지키다 피살되었다. 뮤지컬 〈명성황후〉의 남자 주인공의 모델이 된 인물이기도 하다.)

홍계훈이 이끄는 정예군과 맞붙었으니 농민군에게 크게 불리한 전투였다. 하지만 이 전투에서도 농민군은 대승을 거둔다. 미리 고지를 선점한 뒤 위에서 아래로 결사적으로 돌격하는 농민군의 기세에 정부군은 속수무책이었다. 이후 정부군은 농민군에게 연전연패하여 전주성까지 점령당했다. 이렇게 해서 동학농민군의 1차 봉기는 농민군의 승리로 끝났다.

안타까운 패배, 우금치 전투

하지만 같은 해 가을에 일어난 2차 봉기는 달랐다. 2차 봉기에서 농민군의 상대는 정부군이 아닌 일본군이었다. 일본군은 조선 정부군과 정신 자세부터 달랐다.

"여기서 지면 우리 일본은 망하고, 결국 서양 오랑캐의 식민지가 되고 말 것이다. 너희가 여기서 도망치면 목숨은 보전하겠지만 너희 가족은 서양 오랑캐의 노예가 될 것이다. 반대로 너희가 여기서 싸우다 죽으면 대신 너희 가족은 대일본제국의 자유로운 신민으로 살 것이다."

일본군 지휘관은 병사들을 모아 놓고 이렇게 이야기했다. 200~500

여 명에 불과한 일본군은 전원 옥쇄玉碎(죽을 때까지 자리를 지키고 싸우는 것)를 결의하며 전의를 다졌다. 일본군은 이를 앙다물고 온 들판을 새하얗게 덮으며 몰려오는 수만 명의 농민군에 맞섰다. 일본군 수백 명과 정부군 2,000여 명으로 구성된 토벌군은, 2만 명이라고도 하고 10만 명이라고도 하는 농민군과 공주 우금치 고개에서 20여 일 동안 치열하게 격돌했다. 양쪽 모두 여기서 지면 나라가 망하고 모두 죽는다는 절박함을 안고 전멸을 각오한 채 맞붙었다.

병사들의 기세가 비슷하면 무기나 지리적 이점 등이 전쟁의 승패를 가르는 법이다. 일본군은 기관총을 비롯한 최신 무기로 무장하고 있었지만, 농민군은 여전히 죽창이 대세였다. 또 일본군은 고지를 선점하고 수비하는 위치였고, 농민군은 아래에서 위로 공격하는 처지였다.

농민군이 후퇴하기 시작하자 일본군은 더욱 기세를 올리며 추격에 나섰다. 그들은 뒤돌아선 농민군을 끝까지 몰아붙여 숨통을 끊어 놓

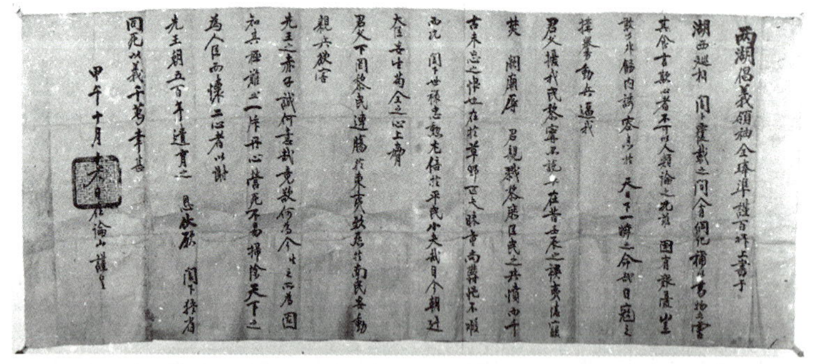

전봉준이 호남 순찰사에게 올린 상서上書. 일제의 침탈을 경계할 것을 촉구하는 내용을 담고 있다. ⓒ 국사편찬위원회.

순창에서 사로잡혀 한양으로 끌려가는 전봉준. 부상을 입어 들것에 앉아 있는 사람이 전봉준이다. 아래쪽에 '동학수괴 전봉준'이라는 글씨가 눈에 띈다.

으려 했다. 일본군은 정부군과 함께 남해안 끝까지 농민군을 추격하면서 마을을 이 잡듯 샅샅이 뒤졌다. 그들은 마을 사람들을 협박해 숨어든 농민군을 찾아낸 뒤 사람들 앞에서 공개 처형했다. 도끼로 목을 자르고, 짚으로 만든 도롱이를 머리에 씌운 뒤 불을 질러 머리만 데워 죽이기도 했다. 수만에서 수십만 명에 이르는 농민들이 죽임을 당했다. 조선 민중의 저항의식을 뿌리부터 잘라 내려고 이 엄청난 대학살극을 벌인 것이다.

전쟁은 결국 사람이 하는 것이다. 더욱이 사람의 목숨이 오가는 것인 만큼 '마음'이 중요하다. 그래서 전쟁에 임하는 병사들의 마음가짐, 곧 사기가 전쟁의 승패를 가르기도 한다. 하지만 병사들은 또한 평범한 백성들이며, 그들에게 싸우려는 마음을 심어 준 것은 결국 위정자들이다. 나라를 위해 정부군과 싸우며 죽어간 사람들과, 외세의 침략을 막고자 목숨 걸고 싸웠던 사람들에 대해 누군가 책임을 져야 하지 않을까?

10

양반의 씨를 말려라

김개남

조선의 개화파들은 근대국가를 건설하려고 노력했지만, 정작 핵심 징책은 시도조차 하지 못한 채 시간만 흘려보내고 있었디. 핵심 정책이라 함은 왕과 귀족이 아닌 '백성'을 나라의 주인으로 세우는 것, 바로 국민국가 건설을 말한다. 이것이 곧 자유·민주·평등의 가치를 실현하는 가장 중요한 핵심이었다. 국민이 주인으로 우뚝 서려면 무엇보다 신분제 폐지, 봉건적 지주제 폐지, 민주주의 제도 확립이 이루어져야 했다.

하지만 개화파는 이 세 가지 중 신분제 폐지만 점진적으로 추진할 뿐, 나머지 두 가지 과제는 막연한 상태로 남겨 두었다. 특히 지주제 폐지는 거의 손도 대지 못했다. 많은 이유가 있었지만, 가장 큰 걸림 돌은 개화파들이 바로 지주라는 사실이었다. 개화파들은 소리 높여 개혁을 부르짖었으나 막상 자신들의 이권은 내놓으려 하지 않았다.

과격한 급진파

이런 모습은 우리 역사에서만 나타나는 문제는 아니다. 프랑스 혁명에서도 초기에는 지주와 부르주아지의 지지를 받은 온건파 지롱드당이 혁명을 주도하다가, 이후 강경파인 자코뱅당이 권력을 잡아 급진적인 혁명을 추진하며 공포정치를 실시했다. 곧 근대화의 핵심인 민주주의 제도 확립은, 일반 민중들이 봉기하여 구체제를 타도하는 시민혁명을 거칠 수밖에 없었다.

조선 또한 구체제를 무너뜨리려면 시민혁명이 필요했다. 우리 역사에서 시민혁명과 가장 가까운 사건이 바로 동학농민운동이었다. 결국 실패로 끝났고, 부르주아계급이 아닌 농민이 주도했다는 한계를 안고 있기에 '혁명'이라고 부를 수 없다는 의견도 있지만, 일반 백성들이 구체제를 타도하려고 봉기했다는 점에서 프랑스 혁명에 가장 근접한 형태였던 것은 분명한 사실이다.

그렇다면 이 엄청난 운동을 일으킨 이들은 누구인가? 지도자로 꼽히는 사람이 전봉준全琫準, 손화중孫華仲, 김개남金開南이다. 이 중에서 전봉준 다음가는 실력자이자 강경파로서 가장 격렬하게 저항했던 인물이 김개남이다.

동학농민운동의 지도부. 왼쪽부터 전봉준, 김개남, 손화중.

동학농민운동 당시 40대였던 김개남은, 부잣집 출신이지만 봉건제도와 조선왕조에 대한 적개심이 대단했다. 그는 특히 1차 봉기가 막을 내리고 농민군이 집강소를 중심으로 개혁을 추진할 때 두각을 나타냈다. 김개남은 양반들을 모욕하거나 몰매를 주는 등 가혹한 보복 행위를 서슴지 않고, 심지어 양반집 처녀와 평민 총각을 결혼시키는 일종의 '신분 청소'까지 단행했다.

그의 거친 행동은 곧 문제가 되었다. 양반들이 들고일어나 동학 농민군에 대항하는 의병을 만들었는데, 이때 참여한 사람 중에는 훗날 한일병합에 저항하여 자결한 황현黃玹도 있었다. 김개남이 너무 과격하고 급진적인 행태를 보이자, 동학 농민군 총대장인 전봉준을 비롯하여 동학 내부에서도 우려의 목소리가 높았다.

그러나 김개남은 아랑곳하지 않았다. 그는 양반의 씨를 완전히 말려 버릴 작정인 듯 보였다. 김개남은 점차 전봉준 등의 온건파와 대립하기 시작했고, 이때부터 동학 농민군은 서서히 분열되었다.

원한과 대의 사이에서

그 와중에 변고가 일어났다. 일본이 청일전쟁을 일으킨 데 이어 경복궁을 점령하고 고종과 명성황후에게 노골적으로 친일을 강요한 것이다. 일본이 한반도 전역으로 영향력을 확대해 나가면서 조선은 나라의 존립 자체를 위협받게 되었다.

이에 동학 지도부는 서울로 쳐들어가 왕을 구출하고 일본을 몰아내야 한다고 주장했다. 이 운동에 동학 2대 교주 최시형崔時亨이 동참하기로 결정하면서, 그동안 동학농민운동에 부정적이었던 충청도 북쪽의 동학 세력이 적극 호응하고 나섰다. 이처럼 거국적으로 2차 봉기의 분위기가 무르익는 와중에, 김개남이 이 흐름에 찬물을 끼얹었다. 그는 2차 봉기의 시기와 전술에 모두 반대하고, 남원 지방에서 독자적으로 활동하며 합류를 거부했다.

결국 동학 농민군은 김개남 부대가 빠진 상태에서 10월 9일 논산에서 봉기했고, 10월 23일 공주 우금치에서 일본군과 격돌했다. 농민군은 약 20여 일간의 치열한 전투 끝에 우금치에서 대패했고, 11월 중순부터 일본군의 추격을 받아 궤멸당하고 말았다. 김개남 부대는 11

황현 유학자이지만 기존 성리학에 환멸을 느끼고 양명학과 실학 등 신유학 연구에 몰두했다. 갑신정변 이후 정부에 실망하여 낙향한 뒤 교육에 헌신하였다. 동학농민운동이 일어났을 때 농민군에 반대하는 의병을 일으키기도 했지만, 《매천야록梅泉野錄》 등에 당시 상황을 자세히 기록하여 그 실상을 자세히 밝혔다. 1910년 한일병합에 분노하여 자살했다. 애국지사였지만 유학자의 한계를 벗어나지는 못했다.

월 11일에야 비로소 움직여 청주성을 공격했지만, 이때는 이미 승패가 기울어진 뒤였다. 김개남 부대는 패배하여 뿔뿔이 흩어졌으며, 12월 9일 김개남도 체포되어 처형당했다.

김개남은 왜 독자적으로 움직였을까? 당사자들이 제대로 된 기록을 남기지 못한 채 모두 처형당했기 때문에 정확한 진상은 알 수 없다. 다만 추측컨대 김개남은 전봉준 등이 조선왕조를 적극 부정하지 않는 것에 불만을 품은 것 같다. 김개남은 조선왕조와 봉건적 통치 체제를 철저하게 부정하고 새로운 나라를 건설해야 한다고 생각했던 것으로 보인다. 그가 어떤 나라를 구상했으며, 어떻게 새로운 나라를 만들겠다는 꿈을 꾸게 되었는지는 알 수 없지만, 김개남 부대는 천민과 노비의 영향력이 컸던 만큼 봉건적 지배 체제에 강한 한을 품고 있었을 것이다.

억압적 체제에 대한 원한은 강력한 저항을 불러일으켜 새로운 세상을 여는 원동력이 되기도 하지만, 자칫 무모한 투쟁으로 나아가 자멸을 초래하기도 한다. 세상을 바꾸려면, 원한을 누르고 적절히 타협하거나 주변을 포용하는 대의명분을 내세우는 것도 필요하다.

어떤 이들은 조선왕조를 적극 부정하지 못했다는 점을 들어 동학농민운동의 봉건적 한계를 지적한다. 하지만, 한편으로 동학농민운동은 저항 에너지가 성숙되지 못한 상태에서 돌출적으로 분출했다는 한계도 안고 있었다. 김개남 부대의 마지막 행적에서 강한 아쉬움이 느껴지는 것도 그런 이유 때문이다.

11

황제의 나라는 아무나 하나?

대한제국

교과서 속 한 줄 역사   아관파천 이후 1년 만에 환궁한 고종은 황제로 즉위하여 국가의 위상을 높이고 자주성을 강화하려 했다. 그리하여 대한제국을 선포하고 연호를 '광무光武'라 한 뒤 황제 즉위식을 거행하고 근대적 개혁을 시도했다.

을미사변으로 명성황후가 비명에 간 뒤 고종은 불면증에 시달렸다. 한 나라의 왕비가 궁 안에서 잔인하게 살해당했으니, 왕이라고 해서 안전하리라는 보장이 없었다. 그렇다고 조선의 국왕이 일본에 무조건 협조할 수도 없고, 아무 대책 없이 목숨을 걸고 일본에 맞설 수도 없었다.

아관파천의 후유증

고종이 이처럼 위태로운 상황에서 안절부절못하고 있던 1896년 1

월, 일본에 저항하는 의병이 전국 곳곳에서 일어나 일본군이 이를 진압하러 출동하면서 고종을 향한 감시의 눈길이 느슨해졌다. 고종은 이 틈을 타서 이완용을 통해 미리 러시아 공사관에 연락을 취하고, 2월 11일 야밤에 궁을 탈출하여 러시아 공사관으로 피신했다. 이를 '아관파천俄館播遷'이라고 한다.

아관파천 이후 고종은 친일파인 총리 김홍집, 농상공부대신 조병하, 어윤중 등을 처형하고 김병태·이완용 등의 친러파를 등용한 뒤, 《독립신문》을 후원하는 등 새로운 개혁 정치를 모색했다. 하지만 왕이 남의 나라 대사관에 피신해 있는 상태에서 제대로 된 정치가 이루어지기는 어려웠다.

무엇보다 고종을 보호해 주는 대가로 러시아에 많은 이권을 넘겨

러시아 공사관에 피신한 고종(오른쪽에 앉아 있는 사람). 사진 왼쪽 앞에 앉아 있는 아이가 세자이다.

준 것이 문제였다. 이것이 최혜국대우(통상·항해조약 등에서 상대국에게 가장 유리한 대우를 받는 나라와 동등한 대우를 하는 일)와 맞물리면서 영국·미국 등의 열강에게도 이권을 넘겨줄 수밖에 없는 결과를 불러왔다. 나라의 중요한 경제적 이권들을 외국에 빼앗기면서 조선의 자주성과 독립성은 크게 위축되었다. 당연히 백성들은 하루빨리 고종이 궁으로 돌아오기를 바랐다.

고종이 경운궁(지금의 덕수궁)으로 돌아온 것은 이듬해 1897년 2월로, 무려 1년 만의 환궁이었다. 그러나 나라 꼴은 이미 엉망이 되어 있었다. 고종으로서는 심기일전할 계기가 필요했다. 고종은 나라의 위상을 높이고 실추된 왕권을 바로세우고자 '칭제건원稱帝建元', 즉 황제국가(제국)를 선포하기로 마음먹었다. 제국이 된다는 것은 상징적이나마 대영제국이나 대청제국과 같은 반열에 오르겠다는 의미였다.

그런데 문제가 있었다. 열강들의 반응이 영 떨떠름했던 것이다. 동

경운궁慶運宮 원래 왕족(월산대군)의 집이었다가 임진왜란 때 경복궁이 불타 왕의 임시 거처로 쓰이면서 궁궐이 되었다. 광해군 이후 왕이 창덕궁에서 살았기 때문에 300년간 방치되었다가, 1897년 고종이 러시아 공사관에서 경운궁으로 환궁하면서 대한제국의 궁궐로 사용되었다. 그러나 1907년 '헤이그 밀사 사건'으로 고종이 폐위되고 새로 즉위한 순종이 창덕궁으로 옮겨가면서 경운궁은 선황제가 거처하는 궁궐로 위상이 바뀌었다. 이때 물러난 고종에게 '덕수德壽'라는 궁호宮號를 붙였는데, 이는 궁궐의 이름이 아니라 덕을 누리며 오래 사시라는 뜻으로 고종을 가리키는 칭호일 뿐이다. 그런 까닭에 덕수궁의 이름을 다시 경운궁으로 바꾸자는 주장이 나오고 있다.

방의 작은 후진국의 왕이 황제를 칭하려 하는 것이 열강들의 눈에는 영 마땅치 않아 보였을 것이다. 조선이 제국을 선포한다 해도 열강들이 승인해 주지 않으면 아무 소용이 없었다. 열강에 둘러싸여 이러지도 저러지도 못하는 상황에서 우리끼리 '제국'이라고 소곤거리는 게 무슨 의미가 있겠는가.

고종의 황제 선포, 떨떠름한 열강

당시 열강들의 반응에 대해서는 여러 견해가 있다. 러시아가 가장 강하게 반대했다는 주장이 있는가 하면, 반대로 러시아가 적극적으로 나섰다는 의견도 있다. 둘 중 한쪽이 틀렸다기보다는 상황에 따라 그때그때 다른 입장을 취한 것으로 보인다. 어쨌든 전체적으로 열강들은 대한제국 선포를 인정할 수 없다는 의견이 우세했고, 특히 반러 성향이 강한 영국과 미국의 반발이 심했다.

각국의 외교관들은 대한제국 선포 행사에 참석하지 않으려 했다. 이때 러시아가 외교관들의 참여를 유도하고 나섰다. 고종을 도움으로써 조선에서 친러파 정권을 강화하는 것이 유리하다고 판단한 것이다.

선포식이 열리기 전, 러시아 공사 베베르가 각국 영사들을 초청해 자리를 마련했다. 여기서 제국 선포식 참여 문제가 화제에 오르자, 러시아 공사가 넌지시 제안을 했다.

"선포식에만 참여하고 행사에는 불참하는 게 어떻습니까?"

대한제국을 선포한 뒤 서양식 황제 복장을 입은 고종.

선포식에는 가되, 외교사절 인사 같은 공식 행사는 보이콧하자는 뜻이었다. 쉽게 말해 '가서 밥이나 먹고 오자'는 말이었다. 외교관들로서는 행사 자체에 불참하는 것도 부담스러운 일이었기에, 러시아 공사의 타협안에 대체로 수긍하는 분위기였다.

마침내 선포식 당일, 각국 영사들이 하나 둘 식장에 모여들었다. 다들 구경만 하고 돌아갈 심산이었다. 식순에 따라 외교사절들이 인사하는 순서가 되어 러시아 공사가 맨 처음 호명되었다. 그런데 러시아 공사가 나아가 고종에게 절을 올리는 것이 아닌가?

"고종 황제 폐하 만세!"

이어서 다른 나라 영사를 부르는데, 상황이 이렇게 되니 나가지 않을 수가 없었다. 어쩔 수 없이 영국, 미국 영사들까지 모두 나아가 절을 하고 만세를 불렀다.

'광무개혁'의 한계

이날을 계기로 제국 선포에 반대하는 분위기는 누그러졌고, 각국의 외교문서에서도 고종을 'King'이 아니라 'Emperor'로 칭하기 시작했다. 우여곡절 끝에 조선은 1897년 '대한제국'이라는 이름으로 다시 태어났고, 고종은 1904년까지 적극적으로 개혁 정책을 추진했으니, 이를 '광무개혁'이라 부른다.

광무개혁에 대한 역사적 평가는, 보수 반동적이라는 부정적 평가에서 자주 독립을 지키기 위한 노력이었다는 긍정적 평가까지 다양하게 존재한다. 즉, 광무개혁은 국가의 자주성을 뒷받침하는 국방력 강화, 재정 개혁, 상공업 장려, 근대적 회사 설립 등의 성과를 거두었으나, 여전히 열강의 영향력에서 벗어나지 못하고 백성이 아닌 황실과 일부 관료들이 주도한 개혁이라는 점에서 '실패한 개혁'이라는 평가다.

하지만 '제국'을 선포하는 것마저 이렇게 어려운 상황에서, 필사적으로 자주 국가임을 천명하고 자주적 개혁을 추진하려 했던 고종의 '노력'만큼은 평가받을 만하다. 물론 황제로서 당연히 해야 할 일이었지만 말이다.

12

학익진으로 발틱 함대를 물리치다

러일전쟁

1904년 2월, 일본 함대가 요동반도의 뤼순旅順 군항에 집결해 있던 러시아 극동해군을 기습 공격하면서 러일전쟁이 발발했다. 러시아가 우세할 거라는 전망이 압도적이었지만, 막상 전황은 일본에 유리하게 돌아갔다. 결국 일본은 모두의 예상을 깨고 이 전쟁에서 승리를 거두었다. 일본의 승리 뒤에는 '이순신'이 있었다.

도고 제독의 승부수

러시아군이 아무리 강하다 해도 동아시아는 너무 먼 땅이었다. 일본의 안방에서 치러진 전쟁에서 러시아는 일방적으로 밀렸다. 전세가 점점 불리해지자 러시아는 마지막 방법으로 해군을 동원하여 일본 본토를 공격할 계획을 세웠다. 러시아는 세계 최강 함대인 '발틱 함대'를 아시아로 보냈다. 발틱 함대는 유럽에서 출발하여 반년 동안의 긴 항해 끝에 인도양과 남중국해를 거쳐 대한해협 근처에 당도했다. 그러나 오랜 항해로 지칠 대로 지쳐 휴식이 절대적으로 필요했다.

일본 연합함대로서는 속전속결로 전투를 끝내는 것이 수였다. 연합함대 사령관 도고 헤이하치로 제독은 부하들을 모아 놓고 선언했다.

프랑스 신문에 실린 러일전쟁 풍자화. 유럽 챔피언인 거인 러시아와 한반도에 겨우 발을 걸친 왜소한 일본의 싸움에서 러시아가 패할 것이라고 예측하는 사람은 거의 없었다.

"내일 함대 결전으로 승부를 걸겠소."

세계 최강 발틱 함대를 한 방에 격파하겠다는 말이었다. 대규모 해전 경험이 많지 않은 일본 해군에게는 너무 위험부담이 큰 작전이었다. 일본은 제대로 된 해군을 조직하고 운영해 본 경험이 거의 없었다. 불안해 하는 부하들을 보며 도고가 말했다.

"우리는 이순신 장군이 300년 전 일본 함대를 격파할 때 썼던 학익진을 쓸 것이오."

그로부터 정확히 312년 전인 1592년 임진왜란 때, 이순신 장군은 한산도 앞바다에서 학익진鶴翼陣을 펼쳐 70여 척에 달하는 일본 함대를 전멸시켰다. 도고는 바로 그 전투를 면밀히 검토했던 것이다.

운명의 5월 27일, 드디어 두 나라의 해군이 격돌했다. 이 해전에서 일본 연합함대는 도고의 작전대로 학익진을 응용한 'T자 진'을 펼쳐 발틱 함대를 격파했고, 그날 이후 도고는 '전쟁의 신'으로 추앙받았다. 도고는 자신에게 쏟아지는 찬사를 사양하지 않았다. 그는 자신을 나폴레옹의 해군을 물리친 넬슨 제독, 스페인 무적함대를 무찌른 드레이크 제독에 견주는 칭찬에 고개를 끄덕였다. 하지만 이순신 운운하는 칭찬에는 정색을 하며 이렇게 말했다.

"이순신이야말로 전쟁의 신이다. 그와 나를 비교하는 것은 신에 대

러일전쟁 상상화. 세간의 예측과 달리 일본 연합함대가 세계 최강인 러시아의 발틱 함대를 물리쳐 러일전쟁은 일본의 승리로 끝났다.

한 모독이다."

박제된 영웅, 이순신

도고의 겸손이 진심에서 우러난 것인지는 알 수 없지만, 일본 해군이 이순신을 숭앙한 것은 분명한 사실이다. 러일전쟁 이후 일본 해군 지도부는 해마다 이순신 장군 사당을 찾아 참배했다. 이순신의 전술이 일본 무적함대의 기초가 되었기 때문이다.

이순신의 전술을 탐구한 일본 연합함대는 훗날 태평양을 놓고 미국과 힘을 겨룰 만큼 성장했다. 그러나 막상 우리는 이 시절 이순신을 발견하지 못했다. 쇄국정책을 고집한 조선에서 해군은 중요한 존재가 아니었으며, 이순신은 그저 '임진왜란의 영웅'일 뿐이었다. 고종이 대한제국 시절 해군을 건설하려고 여러모로 노력했지만 그때는 이미 너무 늦었다.

미국은 중국 진시황릉에서 발굴된 병마용갱兵馬俑坑의 배치를 면밀히 검토하여, 이를 현대전에 응용한 바 있다. 진시황은 활과 쇠뇌 등으로 엄청난 화살비를 쏟아부어 적군에게 타격을 입힌 뒤, 중무장 병사들을 보내 전쟁을 결판내는 전술을 구사했다. 장이모우 감독의 영화 〈영웅〉을 보면 화살비의 위용이 얼마나 대단한지 잘 알 수 있다. 미국은 이런 고대 화력전을 응용하여 미사일과 전폭기로 먼저 타격을 입힌 뒤, 육군을 투입하여 전쟁을 끝내는 전술을 완성했다. 이것이 바로 2001년 미국이 이라크 전쟁에서 사용했던 '충격과 공포' 작전이다.

구슬도 꿰어야 보물이듯, 선조가 남긴 유산도 현재의 필요에 따라 사용할 때 의미가 있다. 이순신이 대한제국 해군이 아니라 일본 해군의 전범典範이 된 것이 그 대표적 사례이다. 우리가 이순신을 역사 속 영웅으로만 바라보고 있는 사이, 이순신의 전술이 우리를 식민지로 만드는 데 결정적인 공헌을 한 셈이다. 이순신은 일본 연합함대에 영향을 끼쳤을 뿐 아니라, 미국 해군사관학교 등 많은 나라의 해군 전술 교범의 한 장을 차지하며 오늘날까지 영향을 미치고 있다.

'역사'를 알고, 역사에서 배우며, 역사를 계승하는 자만이 승리할 수 있다. 이것이 바로 우리가 역사를 공부하는 까닭이다.

13
민족 반역자가 된 '엄친아'
이완용

1886년(고종 23), 조선 정부는 개화 관료들을 양성할 목적으로 최초의 근대식 공립 교육기관인 육영공원育英公院을 설립하고, 현직 관료 및 청년들을 학생으로 입학시켜 외국인 교사들에게 근대 문물을 배우도록 했다. 육영공원에서 공부한 학생들은 훗날 개화 정책을 추진하는 주요 인재로 성장했다. 그중에 이완용李完鎔도 있었다.

육영공원의 모범생

육영공원은 이처럼 정부의 기대와 지원을 받으며 야심차게 출발했지만, 몇 가지 문제를 안고 있었다. 육영공원 교사들의 골칫거리는 크게 두 가지였다. 하나는 양반 출신 학생들의 수업 태도였다. 그들은 도무지 혼자서는 꼼짝도 하지 않으려고 했다. 학생들은 교내 기숙사에서 수업을 들으러 교실로 이동하는 짧은 거리조차 걸어서 가지 않았다. 하인 한 명에게는 담뱃대를, 또 다른 하인에게는 책보(책가방)를 들게 한 채 본인은 나귀를 타고 천천히 행차하듯 이동하는 식이었다.

또 다른 문제는 낮은 출석률이었다. 특히 현직 관료 학생들의 출석률이 매우 낮았다. 너무 결석을 많이 해서 나중에는 1주일에 한두 번 출석하는 것으로 규정을 완화했는데도 정상적인 수업이 어려울 지경이었다. 이런 이유 때문에 사표를 쓰고 떠나는 교사들이 늘어났고, 결국 육영공원은 파행 운영을 면치 못하다가 8년 만에 문을 닫았다. 육영공원의 폐교는 곧 조선 개화 정책의 파행을 의미했다.

이완용은 만 28세의 나이에 규장각과 홍문관 등에서 일하는 '현직 관료' 신분으로 육영공원에 입학했다. 그만큼 그는 촉망받는 청년 개화파 관료였다. 이완용은 학식이 매우 뛰어나고, 19세기 말 20세기 초를 대표하는 서예가 중 한 명으로 꼽힐 만큼 대단한 명필이었다. 게다가 용모도 수려하고 성품도 온화했다고 하니, 말 그대로 그 시대의 대표 '엄친아'였다. 이렇게 뛰어났으니 1882년 만 24세의 젊은 나이에 과거에 급제하고, 승승장구하여 세자를 가르치는 일을 맡고 육영공원 학생으로 선발되었던 것이다.

친미에서 친러로, 다시 친일로

30대 때인 1890년대에도 이완용은 두드러진 활약을 펼쳤다. 이때 육영공원에서 배운 영어가 큰 도움이 되었다. 이완용은 뛰어난 영어 실력을 바탕으로 외교 활동에서 두각을 나타냈다. 그는 미국에서 오랫동안 외교관 생활을 한 덕분에 미국과 외교 관계를 맺을 때 중요한 역할을 맡았다. 고종은 일본을 견제하는 외교 활동이 필요할 때 이완용을 적극 활용했다.

이완용의 능력은 특히 1897년 아관파천 때 빛을 발했다. 미국과 러시아, 양쪽과 모두 친하게 지낸 덕분이었다. 이완용은 대한제국 성립 뒤에도 고종의 두터운 신임 아래 지금의 외교부 장관인 외부대신 등을 지냈으며, 독립협회 회장을 맡기도 했다. 초기 독립협회는 왕실의 후원을 받는 계몽운동 단체로서 어용단체와 시민단체가 혼합된 형태였다. 이완용은 정부 측 대표로 독립협회에 참가하여 《독립신문》과 만민공동회 등을 적극 후원하며 2대 회장에까지 올랐다. 하지만 독립협회가 1898년 대한제국에 맞서며 참정권과 공화정 등을 주장하사 탈퇴했나. 그는 어니싸시나 정부 측 입장을 대변하는 사람이었을 뿐이다.

1900년대에 접어들면서 거칠 것 없이 잘나가던 이완용에게도 시련이 닥쳤다. 친미와 친러 사이에서 모호한 입장을 취하다가 양쪽 모두에게 점차 배척당하기 시작한 것이다. 1897년부터 관직에서 점점 밀려나기 시작한 이완용은 1904년 러일전쟁을 계기로 친일파로 변신한다. 그동안 이완용을 후원하던 러시아와 미국이 모두 떠나 버렸기 때문이다.

친일파로 전향한 이완용은 1905년 을사조약을 체결할 때 결정적인 역할을 맡았다. 조선의 외교권을 박탈하고 통감부를 설치한다는 것은, 곧 조선이란 나라를 일본에 넘기는 것과 같았다. 이런 엄청난 내용을 담은 조약을 체결하는 일에 적극 앞장설 사람이 얼마나 되겠는가? 서로 책임을 미루며 시간을 끌 때, 이완용이 나서서 을사조약의 필요성을 역설하며 분위기를 몰아갔고, 이 한 방으로 그는 친일파의 거두로 떠올랐다.

이후 이완용은 일진회一進會의 송병준宋秉畯과 경쟁하며 친일 행각을 벌였고, 한일병합이 이루어지자 백작의 작위를 받아 일본 귀족 명단

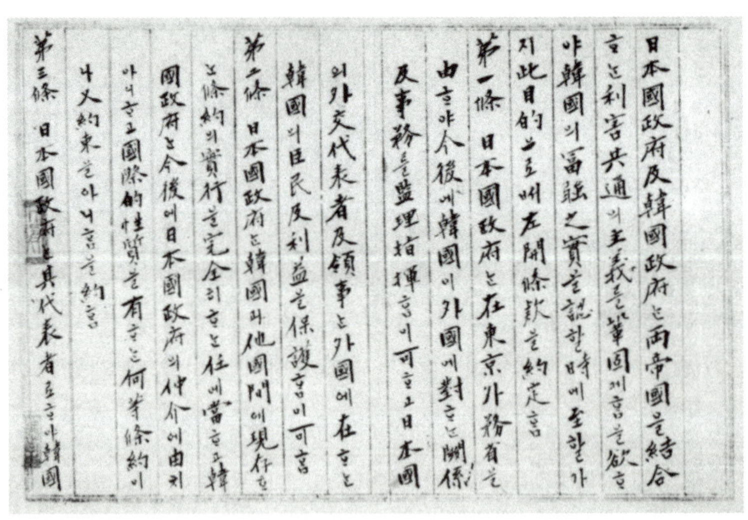

을사조약 문서. 외교권 박탈과 통감부 설치 등을 담은 이 조약으로 대한제국은 명목상으로는 일본의 보호국이나 사실상 일본의 식민지가 되었다. 그러나 대한제국 외부대신과 주한 일본공사의 도장만 찍혀 있을 뿐 고종 황제와 일왕의 날인이 없다.

에까지 이름을 올렸다. 그는 식민지 조선의 재벌이자 권력가로 천수를 누리다가 1926년 70세로 생을 마감했다.

오직 하나, 절개가 부족했으니…

이완용은 어쩌다 친일 민족 반역자의 길을 걷게 되었을까? 그의 인생 역정을 보면, 반역자가 될 만한 특별한 동기는 보이지 않는다. 그는 당대 촉망받는 인재였고, 정부와 왕에게 중용되었으며, 중요한 정치적 사건의 주인공으로 활약했다. 개인적으로는 효성 지극한 아들이자 자애로운 아버지였다. 그런 그가 왜?

창덕궁에서 15년간 순종 황제의 측근으로 일한 일본 관리 곤도 시로스케가 쓴 《대한제국 황실비사》를 보면, 당대 일본인들은 이완용을 다음과 같이 평가했다고 한다.

"이완용은 철두철미하게 권력을 다루는 정치가일 뿐 정치적 절개를 지키는 사람은 아니다."

곤도는 이어 이완용이 어떤 사람인지 잘 보여 주는 일화 하나를 소

일진회 대한제국 말에 일본의 한국 병합 정책에 적극 호응하여 그 실현에 앞선 친일 단체. 1904년 일본이 한일병합을 찬성하는 여론이 필요하다고 생각하여 조직한 단체이다. 1910년 한일병합조약이 체결된 뒤 일제의 앞잡이 노릇을 끝내고 해체되었다. 일진회를 이완용이 주도한 것으로 알려져 있지만, 이완용은 일진회와 일정한 거리를 두었다.

한일병합 기념엽서. 왼쪽부터 황태자 영친왕 이은, 데라우치 총독, 이완용, 소네 통감. 최고 엘리트의 길을 걸어 왔던 이완용은 친일파의 거두로서 을사조약 체결과 한일병합 때 결정적인 역할을 맡았다.

개하였다. 일본이 순종을 본토로 불러들여 천황을 알현시킴으로써 조선과 일본 왕실의 주종 관계를 확실히 못 박으려고 노력할 때의 일이다. 순종이 일본에 가지 않겠다고 거부하자, 일본 총독이 이완용을 불러 이 일을 맡겼다. 이완용은 먼저 고종을 찾아가 순종의 일본 방문을 여쭈었다가, 고종이 화를 내며 꾸짖자 바로 포기해 버렸다. 그러자 대신 순종의 외척인 윤덕영이 나서서 고종에게 갖은 수모와 협박을 가해 강제로 허락을 받아 냈다. 이처럼 이완용은 절대 무리하지 않고 철저히 실리를 챙기는 사람이었다. 그가 만약 친일파로서 충성을 다 바치는 사람이었다면, 윤덕영이 했던 일도 마다하지 않았을 것이다.

이완용은 모든 것을 갖추었지만 오직 하나, 절개가 없는 인물이었다. 그는 자신의 행복을 포기하고 목숨까지 바쳐 가며 무언가에 충성을 다할 만한 위인이 아니었다. 그저 자신의 개인적 행복을 위해 철저히 실리를 추구하며 무리하지 않고 대세에 순응하며 살았을 뿐이다. 친미에서 친러로, 다시 친일로 옮겨 가며…….

'역사에서는 나쁜 사람보다 어리석은 인간이 더 무섭다'는 말이 있다. 평탄한 세상에서 평범한 사람이 대세에 순응하며 사는 것은 처세일 뿐이지만, 험한 세상에서 능력 있는 사람이 대세에 순응하며 사는 것은 엄청난 재앙을 불러올 수도 있다. 이완용이야말로 그 표본이 아니겠는가?

14

명분이냐 생존이냐, 두 의병장의 슬픈 최후
을사의병

을사조약이 체결되면서 조선이라는 나라는 사실상 망했다. 민영환閔泳煥 같은 우국지사는 망국의 책임을 지겠다며 스스로 목숨을 끊었고, 나철羅喆 등은 암살단을 만들어 나라를 팔아먹은 역적을 죽이겠다고 호언했다. 그리고 수많은 백성들이 자발적으로 떨쳐 일어나 의병을 조직했다. 이들이 바로 '을사의병'이다.

'을사의병' 때에는 이전의 의병에서는 볼 수 없는 새로운 현상이 나타났으니, 바로 '평민 의병장'의 등장이었다. 평민 의병장이 등장했다는 것은 어떤 의미가 있을까? 을사의병을 대표하는 두 의병장,

'양반 최익현崔益鉉'과 '평민 신돌석'을 비교해 보자.

올곧은 유학자, 최익현

최익현은 1855년 과거에 급제한 뒤 성균관·사헌부·사간원의 관직을 두루 거치고 이조정랑 등을 역임한 정통 유학자 출신으로, 불의와 부정을 척결하는 데 앞장서는 강직하고 올곧은 성품의 소유자였다. 그는 을사조약이 체결되자, 74세의 고령에도 불구하고 울분을 토로하며 각지에 항일투쟁을 호소하는 포고문을 보내 총궐기하자고 설득했다. 겨우내 다양한 노력을 기울인 끝에 최익현은 이듬해 봄 수백 명의 의병을 모아 부대를 조직할 수 있었다.

최익현 부대는 각지를 돌며 병력과 무기를 충원하여 거의 1,000여 명 규모로 늘어났으며 소총까지 마련하였다. 하지만 최익현 부대는 오래가지 못했다. 6월 12일, 일본군과 관군 연합군이 토벌에 나서자 최익현은 일본군과 싸우겠다며 관군에게 비켜 줄 것을 요청했다. 그

쓰시마 섬으로 끌려가는 최익현. 1905년 을사조약 체결을 계기로 공개적으로 의병을 모집하고 전라북도 정읍에서 거병하였으나, 곧 관군에게 패하여 체포되었고 대마도에 유배되었다. 유배 당일 대마도주의 일본식 단발 요구에 항의하여 단식을 시작하였으나, 대마도주의 사과 및 왕명으로 단식을 중단을 하였다. 하지만 단식의 후유증으로 3개월 뒤에 74세의 나이로 사망했다.

러나 관군이 오히려 왕명을 내세우며 전투에 나서자, 최익현 부대는 무기력하게 항복하고 말았다. 동족과 싸울 수 없다는 '명분' 때문이었다. 체포된 최익현은 일본군 사령부로 끌려가 심문을 받고 쓰시마 섬으로 유배되었으며, 그곳에서 왜놈이 주는 밥을 먹을 수 없다며 단식하다가 병을 얻어 죽고 말았다.

'돌돌이 장군', 신돌석

한편 신돌석은 그 이름에서도 알 수 있듯 경상도 지방의 평범한 농민이었다. 그의 이름 돌석乭石은 '돌 돌' 자에 '돌 석' 자이니, 우리말로 하면 '돌돌이'다. 당시 '돌석이'는 '개똥이'란 뜻의 구시狗屎, '쇠돌이'란 뜻의 철석鐵石이와 함께 조선에서 가장 흔한 이름이었다.

이미 1895년 명성황후 시해 사건을 계기로 촉발된 '을미의병'에도 참여했던 신돌석은, 을사조약이 체결되자 1906년 3월 스스로 의병장이 되어 의병을 일으켰다. 그는 경상도와 강원도 지역의 태백산맥 줄기를 중심으로 활동하며 유격전을 전개하여 일본군을 괴롭혔다.

돌돌이 장군은 명분에 얽매이지도, 정부군과 일본군을 구분하지도 않았다. 무엇보다 그는 투쟁을 중단하지 않았다. 1908년 겨울까지 3년 가까이 버티며 곳곳에서 일본군을 괴롭혔다. 영덕에서는 관공서에 불을 질렀고, 경주에서는 일본군과 며칠 동안 접전을 벌였으며, 영해에서는 경찰서를 습격했다.

이렇게 열심히 싸운 돌돌이 장군이지만 평민이라는 이유로 설움도 겪었다. 1907년 고종의 강제 퇴위를 계기로 '정미의병'이 일어났을

일제에 항거했던 의병들. 모두 농민, 해산당한 군인, 소년 등 평범한 백성들이었다.

때, 이인영李麟榮이 13도 연합 의병 부대를 만들어 서울로 쳐들어 갈 계획을 세웠다. 이 소식을 들은 돌돌이 장군은 연합 의병에 참여하려고 1,000여 명의 병력을 이끌고 경기도 양주까지 올라갔다. 하지만 양반 의병장 이인영은 상놈이 낄 자리가 아니라며 그의 합류를 거부했다. 돌돌이 장군은 씁쓸히 뒤돌아 서서 경상도로 돌아갔고, 얼마 안 가 연합 의병의 참패 소식이 전해졌다.

그 뒤 1908년부터 일본군의 의병 토벌이 극심해지면서, 많은 의병 부대들이 사라지거나 만주로 이동했다. 돌돌이 장군 부대도 여러 차례 일본군과 접전을 벌이며 끈질기게 버텼지만, 그해 겨울 한계에 부딪혔다. 돌돌이 장군은 다음 봄을 기약하며 부대를 해산시키고, 겨우내 피신할 곳을 찾아 숨어들었다.

당시 그의 목에는 집 한 채 값에 달하는 어마어마한 현상금이 걸려 있었다. 겨울을 넘길 식량이 필요한 굶주리고 가난한 사람들은 눈에 불을 켜고 돌돌이 장군을 찾았다. 숨을 곳을 찾지 못해 한참을 헤매던 그는 함께 의병 활동을 펼쳤던 부하(처남이라고도 한다)의 집을 찾았다. 오랜만에 만난 동지는 그를 환대하며 따뜻한 밥 한 그릇을 대접했다. 고마운 마음에 맛있게 밥그릇을 비운 그는 곧 뒤틀리는 배를 부여잡으며 자신이 속았음을 깨달았다. 그리고 도끼를 휘두르며 달려드는 부하의 얼굴, 그것을 마지막으로 신돌석은 숨을 거두었다.

양반 최익현에게 중요한 것은 '정의'였다. 그는 정의를 바로세우고자 봉기했기에 정의를 깨뜨릴 수 없었다. 반면 '돌돌이 장군' 신돌석에게 중요한 것은 '생존'이었다. 살아남으려면 나라가 필요했다. 아니 정확하게 말하면, 농민들을 착취하는 일본 놈들을 몰아내야 했다. 그랬기에 최익현은 항복한 뒤 단식함으로써 지조를 지켰지만, 돌돌이 장군은 죽기 직전까지 끈질기게 싸웠다.

'태백산 호랑이'라고 불렸던 신돌석 영정.

신돌석과 같은 평민 의병장의 등장은 거창하게 말하면 근대 국민의식의 성장을 보여 주는 사건이다. 또한 그의 삶은 일제 36년 동안 왜 똑똑한 사람들보다 평범한 민초들이 더 열심히 일제에 맞서 싸웠는지, 평범한 사람들에게 나라를 잃는다는 것이 무슨 의미이며, 독립한다는 게 어떤 의미였는지를 생각하게 해 준다.

15

이날에 목 놓아 통곡하노라
〈시일야방성대곡〉

1905년 11월 17일, 일제는 을사조약을 체결하여 대한제국의 외교권을 박탈했다. 외교권은 나라의 이름과도 같은 것이다. 곧 외교권 박탈은 나라의 이름이 없어지는 것이요, 존재가 사라짐을 의미한다. 한 마디로 나라가 망한 것이다. 공식적으로 대한제국이 망한 것은 1910년 8월 29일 한일병합 때이지만, 실질적으로는 을사조약 때 이미 망했다고 할 수 있다.

이 엄청난 사건을 일본은 당연히 쉬쉬했다. 그래서 처음 을사조약 체결 사실을 발표할 때, 마치 그동안 조선이 여러 열강들과 체결한

수많은 불평등한 조약과 크게 다르지 않은 것처럼 슬쩍 넘어가려 했
다. 하지만 무지몽매한 백성들은 속일 수 있을지 몰라도 지식인들의
눈까지 피할 수는 없었다. 을사조약의 의미를 간파한 지식인들은 뒤
늦게 가슴을 치며 조약 파기 운동에 나섰다. 그들 중에 황성신문사
사장 장지연張志淵도 있었다.

술김에 써 내려간 격문

을사조약이 체결되고 이틀 뒤인 11월 19일, 을사조약의 전모를 파
악한 장지연은 끓어오르는 분노를 주체할 수 없었다. 평소 개인 술통
을 들고 다니며 술을 물 마시듯 하던 그는 신채호申采浩와 함께 대낮부
터 술을 마시기 시작했다. 신채호는 당시 《황성신문皇城新聞》의 주요
필진 중 한 사람으로, 둘째가라면 서러울 열혈 애국지사였다. 분에
못 이겨 코가 삐뚤어지게 취한 두 사람은 의기투합했다.

“내일 터뜨리는 거야.”
“그래, 이 사실을 전 국민에게 알리는 거야.”

독한 술을 퍼마신 두 사람은 비틀거리며 신문사로 들어가 직원들
을 모아 놓고 다음 날 신문에 글을 싣겠다고 밝혔다. 신문사 직원들
은 일본의 신문 압수에 대비해 다른 날보다 일찍 신문을 내기로 했
고, 모두 눈썹이 휘날리게 바삐 움직이며 장지연의 글을 기다렸다.
그런데 아무리 기다려도 장지연이 글을 주지 않았다. 의아해서 사

장실로 들어가 물어 보려 했지만 문이 잠겨 있었다. 술에 취해 잠이 들었는지 문을 두들겨도 대답이 없었다. 직원들이 사장을 깨우려고 마구 문을 두드리자, 잠시 후 문 밑으로 종이 한 장이 쑥 나왔다. 글의 제목은 '시일야방성대곡是日也放聲大哭'(이날에 목 놓아 통곡하노라)이었다.

직원들은 원고를 보고 아연실색했다. 술에 취해 쓴 탓인지 글의 과격함이 대단했다. 압권은 "개돼지만도 못한 외무대신 박제순 이하……"라며 정부 대신들에게 거침없이 욕을 퍼부어 댄 부분이었다. 평소 장지연의 문체와는 사뭇 다른 글이었다. 점잖은 한학자인 장지연답지 않았다.

"이거, 단재(신채호) 말투 아냐?"

간결하면서도 강렬한 신채호 특유의 어투가 글 곳곳에 배어 있었다. 직원들은 고개를 갸우뚱하면서도 글을 그대로 실었다.

다음 날인 11월 20일 새벽, 《황성신문》이 독자들에게 배포된 뒤 예상대로 난리가 났다. 일본은 부랴부랴 신문을 압수하고, 이미 배달된 신문까지 모조리 거둬들였다. 그러나 〈시일야방성대곡〉이 일으킨 파란은 대단했다. 입에서 입으로 내용이 전해졌고, 얼마 후 《대한매일신보》가 글 전문을 다시 실어 배포하면서, 〈시일야방성대곡〉은 이후 40년간 뜨겁게 전개될 독립운동의 촉발제 역할을 톡톡히 했다.

괴이한 소문, 장지연이냐 신채호냐

한편 장지연은 이 일로 체포되어 감옥살이를 하게 되었다. 그런데 사람들 사이에서 이상한 소문이 퍼지기 시작했다. 주변 사람들이 〈시일야방성대곡〉을 쓴 사람이 장지연이 아니라 신채호라고 수군거린 것이다. 그날 저녁 사장실에서 장지연이 술을 이기지 못해 쓰러지자 신채호가 대신 원고를 썼고, 장지연이 어차피 자신은 사장이라 책임을 면할 길 없으니 공연히 둘 다 감옥에 가지 말고 자기 혼자 가겠다며 뒤집어썼다는 얘기다.

〈시일야방성대곡〉을 신채호가 썼다는 이 이야기는, 확인된 바 없는 떠도는 소문일 뿐이다. 사실 〈시일야방성대곡〉은 상당히 치밀한 계획 아래 탄생한 것으로 보인다. 일본의 압수를 피해 세밀하게 배포 계획을 짰고, 신문을 평소보다 1만 부나 더 제작했다. 또한 지면 편집도 글자를 크게 하거나 진하게 하여 주요 내용을 강조하는 기법을 처음 구사하는 등, 당시로서는 획기적인 편집 기법을 도입했다. 이를 하룻밤 치기로 결행했다고 보기에는 무리가

《황성신문》 광무 9년(1905) 11월 20일자에 실린 논설 〈시일야방성대곡〉 부분. 강조할 내용을 크게 하거나 진하게 하여 눈에 띄게 하는 등 최신 편집 기법이 사용되었다. ⓒ국사편찬위원회.

따른다.

아마도 문체가 신채호의 어투와 비슷하다는 점, 한일병합 이후 장지연의 모호한 행적에 대한 실망감, 신채호가 갖고 있는 독립운동가로서의 상징성 등이 복합적으로 작용하면서, 만들어진 이야기가 아닐까?

〈시일야방성대곡〉을 누가 썼든 이 비화를 통해 우리는 두가지를 알 수 있다. 언론의 위대함, 그리고 을사조약이 그 시대 사람들을 얼마나 아프게 했는지를 말이다.

장지연　장지연은 을사조약 체결 이후 한민족에 실망하여 술에 절어 살았다. 그 과정에서 모호한 행적을 보였는데, 특히 20년대 일제의 문화통치를 찬양하는 글을 쓴 것이 친일 행위로 인정되어 2011년 독립유공자 서훈이 취소되었다.

16
너무나도 죽이고 싶었던 사람
장인환·전명운

> **교과서 속 한 줄 역사** 1908년 미국 샌프란시스코에서 한국인 전명운, 장인환이 통감부의 한국 통치를 찬양한 미국인 외교 고문 스티븐스를 사살했다.

러일전쟁을 치르면서 한반도를 장악한 일본은, 1904년 2월 한일의정서를 체결해 우리나라를 전쟁에 동원하더니, 8월에는 고문정치를 시행하여 내정을 간섭하고자 1차 한일협약을 체결했다. 이때 재정 고문으로 일본인 메가다, 외교 고문으로 미국인 스티븐스D. W. Stevens가 임명됐다. 스티븐스의 역할은 한일병합의 필요성을 선전하는 것이었다. 스티븐스는 미국 내 대표적인 친일파였다. 일본인이 아닌 미국인 스티븐스가 한일병합의 정당성을 선전하고 다니니 꽤 설득력이 있어 보였다.

러일전쟁 후 대한제국의 외교 고문으로 임명된 스티븐스가 사인교를 타고 등청하는 모습. 일본의 한국 지배를 적극적으로 도왔던 스티븐스는, 1908년 샌프란시스코에서 친일 발언을 하다가 장인환 의사에게 사살되었다. ⓒ국사편찬위원회.

친일파 스티븐스를 처단하다

미국에 사는 한인들은 가슴을 치고 이를 갈며 스티븐스의 입을 틀어막고 싶어 했다. 샌프란시스코에 사는 33세의 장인환張仁煥도 그중 한 사람이었다. 그는 28세 때 노동 이민으로 하와이에 건너가 사탕수수 농장 등에서 일하다가 샌프란시스코로 이주하여 철도 건설 현장이나 농장·식당 등에서 잡부로 일하며 근근이 생활하는 평범한 노동자였다.

샌프란시스코에 스티븐스가 온다는 소식을 들은 장인환은 그를 응징하기로 마음먹었다. 운명의 1908년 3월 23일, 장인환은 권총을 품에 넣고 스티븐스가 도착한다는 선착장으로 향했다. 오전 아홉 시 30분경, 드디어 스티븐스가 모습을 드러냈다. 장인환은 가슴속에 품은

미국 샌프란시스코의 교포 단체인 공립협회共立協會 기관지 《공립신보》에 함께 게재된 장인환(왼쪽)과 전명운(오른쪽)의 근영. ⓒ국사편찬위원회.

권총을 잡고, 주미 일본 총영사의 환영을 받으며 환하게 웃는 스티븐스를 향해 다가갔다.

그런데 이게 웬일인가. 어떤 청년이 먼저 튀어나와 스티븐스에게 권총을 발사했다. 스티븐스도, 장인환도 모두 깜짝 놀랐다. 그러나 총알은 발사되지 않았다. 청년은 몇 번을 더 시도했지만 권총이 말을 듣지 않자 스티븐스에게 달려들어 들고 있던 권총으로 내리쳤다. 청년과 스티븐스가 엉키면서 난투가 벌어지고 주변 사람들이 몰려들었다. 장인환은 결정을 내려야만 했다. 그는 곧장 달려가 엉켜 있는 스티븐스와 청년을 향해 총을 쏘았다.

비명과 고함 소리로 선착장은 금세 아비규환이 되었다. 엉켜 있던 청년과 스티븐스는 피를 흘리며 쓰러졌고, 장인환은 그 자리에서 경찰에 체포되었다. 아마도 그때 장인환은 스티븐스의 생사보다 먼저 달려든 청년의 생사가 더 궁금했을 것이다.

장인환보다 먼저 달려든 청년은 24세의 전명운田明雲이었다. 장인환과 마찬가지로 스티븐스를 죽일 결심을 하고 그 자리에 나타난 전명운은 권총이 말을 듣지 않자, 육탄으로 덤벼든 것이었다. 전명운은 어깨에 유탄을 맞아 부상을 입었지만 곧 회복되었고, 재판에서도 무죄를 선고받아 얼마 뒤 풀려났다.

반면 스티븐스는 부상이 심해 회복하지 못하고 이틀 후 절명했다. 스티븐스의 장례식은 미국 대통령과 일본 천황의 조화, 그리고 200여 명의 추모객이 참여한 가운데 성대하게 치러졌다. 장인환은 살인죄로 기소되어 25년형의 중형을 선고받았다.

평범한 두 노동자의 울분

두 사람은 미리 치밀한 계획을 짠 듯 같은 장소에서 거사를 벌였지만, 사실 둘의 만남은 우연이었다. 그들은 대단한 이력을 가진 영웅도 아니었다. 평범한 이주민으로서, 여느 한민족과 마찬가지로 일제 침략에 분노했을 뿐이다. 그래서 곧 풀려난 전명운도, 11년 만인 1919년에 가출옥한 장인환도, 여느 평범한 사람들과 다를 바 없는 삶을 살았다. 전명운은 평범한 노동자로 살다 죽었고, 장인환은 출옥 이후 병고에 시달리다가 자살로 생을 마감했다.

장인환과 전명운 두 사람의 운명적인 만남은, 나라를 잃은 평범한 사람들의 마음을 어렴풋이나마 느끼게 해 준다. 서로 묻고 확인하시 않았어도 같은 마음인 것, 그게 나라 잃은 슬픔과 분노가 아니겠는가.

17

한국의 노블레스 오블리주
이시영·이회영

1945년 해방의 기쁨으로 모든 사람들이 큰 소리로 만세를 외치며 임시정부 요인들의 귀국을 맞이하는 순간, 꿈에 그리던 고국 땅을 밟으며 홀로 통곡하는 사람이 있었다. 바로 이회영 등과 신흥무관학교를 창설하고, 상해 임시정부의 법무 총장을 지낸 이시영李始榮이었다.

망명길에 오른 6형제

을사조약이 체결되어 나라가 망해 갈 무렵, 서울에서 다섯 손가락 안에 꼽히는 거부 경주 이씨 가문의 6형제가 한자리에 모였다. 긴장

감이 감도는 가운데 둘째 이회영李會榮이 먼저 말을 꺼냈다.

"우리가 이렇게 살게 된 것은 다 나라 덕택입니다. 이제 나라가 망해 가고 있으니, 응당 보답을 해야 할 것입니다."

이들 형제는 세상에 남부러울 것 하나 없는 사람들이었다. 권력이나 돈이 없는 것도 아니고, 손이 귀한 것도 아니었으며, 형제간 우애도 돈독했다. 그런 이들이 조국이 없어지는 상황에서 가만히 있을 수 없다며 독립운동에 나설 것을 결심한 것이다.

형제들은 만주로 망명해 독립운동을 하기로 결정하고 급히 재산을 처분하기 시작했다. 오늘날로 치면 몇 대 재벌 기업쯤 되는 거부 집안이라 재산을 정리하는 데만 반년 이상이 걸렸다. 이회영이 소유한 서울 땅만 현재 명동성당에서 을지로 외환은행까지 6,000여 평(현재 가치로 수백억 원 이상)이었고, 장남 이석영李石榮은 2만 석지기 부자였다. 당시 1만 석지기 부자가 전국적으로 10여 명에 불과했다고 하니, 이들 형제가 처분한 재산의 가치가 어느 정도일지 잘 상상이 되지 않는다. 아무튼 그렇게 마련한 돈을 싸 짊어지고 100여 명의 대가족이 아무 연고도 없는 만주로 망명길에 올랐다.

만주에 도착한 이회영 가족은 먼저 땅을 사서 정착할 곳을 마련하고 본격적으로 독립운동을 시작했다. 이들은 독립군 지도자를 양성할 목적으로 학교를 설립하고 집중적으로 투자했다. 그렇게 탄생한 것이 신흥무관학교이다. 일제시대 독립군 지휘관은 대부분 신흥무관

우당 이회영 선생. 20세부터 신지식을 받아들여 독립운동사에 획기적인 업적을 남겼다. 1910년 국권이 일제에 강탈당하자 가족을 이끌고 만주로 건너가 황무지를 개간하며 독립운동기지 건설에 매진했다. 1911년 교민자치 기관인 경학사耕學社를 조직하고, 1912년 독립군 지도자를 양성할 목적으로 신흥강습소(뒤의 신흥무관학교)를 설립했다. 아나키스트 독립운동가이자 위대한 사상가이며 혁명가였다.

학교 교사나 학생이었고, 일본군이 다른 사람은 몰라도 신흥무관학
교 교사는 잡는 즉시 즉결 처형했다고 할 만큼, 신흥무관학교는 독립
운동의 핵심 동력이었다. 경주 이씨 6형제의 재력과 노력, 헌신의 결
과였다.

40년 만의 쓸쓸한 귀국

하지만 가늠하기 어려울 정도의 어마어마한 재산도 독립운동 자금
을 충당하기에는 부족했다. 모든 재산을 다 쏟아부은 형제들은 망명
생활 10년 만에 빈털터리가 되었다. 그들은 독립군의 근거지인 만주
와 임시정부가 세워진 상해 등지에서 그때까지 경험해 본 적 없는 가
난의 고통과 싸우며 독립운동을 이어 갔다. 너무나도 힘들고 어려운
시간이었다.

마침내 형제들이 버티지 못하고 하나 둘 쓰러지더니, 이회영과 이
시영만 남고 모두 숨을 거두었다. 사인은 영양실조에 따른 합병증이
었다. 자손들도 영양실조로 죽거나 일본군과 싸우다 전사하여 대가
끊길 지경에 이르자, 이회영은 두 아들을 조선으로 보내 겨우 대를
잇게 했다. 그리고 중국 땅에 남아 고군분투하던 이회영은 1932년,
일본 경찰에 체포되고 말았다. 그는 독립운동의 비밀을 지키려고 경
찰서에서 목을 매 자살했다. 조국의 독립을 위한 마지막 헌신이었다.

6형제 중 홀로 남은 이시영은 임시정부를 지키며 마지막까지 외로
이 투쟁했고, 마침내 살아생전에 해방을 맞이하여 고국으로 돌아올
수 있었다. 망명길에 오른 지 거의 40년 만이었다. 하지만 그의 주변

에는 다섯 형제도, 그 많던 조카들도 없었다. 혼자 살아서 조국으로 돌아온 그의 눈에 어찌 눈물이 맺히지 않을 수 있겠는가?

청산리 전투의 영웅으로 잘 알려진 김좌진金佐鎭 장군도 많은 재산과 노비를 소유한 안동 김씨 가문의 자손이었다. 그는 노비를 해방시키고 전답을 나누어 준 뒤 재산을 모두 처분하고 그 돈으로 총을 사서 청산리 전투의 초석을 놓았다.

일제 35년간 우리 민족이 그토록 치열하게 독립운동을 이어 갈 수 있었던 것은, 이처럼 상하와 귀천을 막론하고 치열하게 모든 것을 걸고 싸웠던 사람들 덕분이다. '노블레스 오블리주'를 실천한 사람들이었다. 이회영과 김좌진은 자신들이 많은 재산을 소유하고 권력을 누린 만큼, 더 많은 사회적 책임을 져야 한다고 생각했다. 그리고 그 책임을 다하는 것이 어떤 것인지 본인의 삶으로써 입증했다.

18

"어머니, 하느님 열심히 믿으세요"
안중근

조선 침략에 앞장섰던 이토 히로부미의 심장에 총탄을 날려 일본
제국주의자들의 간담을 서늘하게 만들었던 안중근安重根. 독립운동의
상징적 인물이자 민족의 영웅으로 추앙받는 그이지만, 막상 그의 개
인적 면모에 대해 아는 사람은 그리 많지 않다. 안중근은 1879년 황해
도 지역 유지인 순흥 안씨 집안에서 태어나 비교적 풍족한 환경에서
성장했으며, 아버지의 영향으로 어렸을 때 천주교 세례를 받았다. 안
중근의 집안은 갑신정변 때 개화당 사람과 연루되어 곤경을 치르기도
했지만, 대체로 보수적인 분위기여서 동학농민운동이 일어났을 때에

는 반동학군 투쟁에 나서기도 했다. 안중근도 이때 아버지를 따라 농민 토벌군에 종사하면서 역사에 처음 이름을 드러냈다.

애국계몽운동에서 항일 투쟁까지

이후 국권이 기울자 안중근은 나라를 일으키려면 실력을 양성해야 한다고 믿고 애국계몽운동에 참여해 교육과 산업에 열성을 쏟았다. 안중근은 어느 정도 재력이 있고 재테크에 능한 집안 분위기의 영향으로 이런저런 사업에도 많이 뛰어들었는데, 대부분 실패했다.

그때까지만 해도 안중근은 열렬한 이토 히로부미 숭배자였다. '동양이 깨어 일어나 문명을 번창시켜야 한다'는 이토 히로부미의 주장은 조선 젊은이들에게 너무나 매력적이었다. 당시 안중근뿐만 아니라 많은 지식인들이 이토 히로부미의 주장에 열광했다. 1898년에는 독립협회가 이토 히로부미 환영대회를 열었고, 심지어 1905년 을사조약을 체결하러 이토 히로부미가 한국에 왔을 때도 많은 지식인들

이토 히로부미伊藤博文 이토 히로부미는 문치주의를 주장하며 일본에서 입헌군주제를 추진한 대표적 인물이다. 그는 일본이 대륙 진출을 너무 서두르는 것은 좋지 않다고 주장했다. 반면 이토의 정적이었던 야마가타는 일본 근대 육군의 아버지로서 적극적인 대외 팽창을 주장하였다. 둘의 라이벌 관계는 이토의 죽음으로 결판이 났으며, 이후 야마가타의 충직한 부하 데라우치가 한일병합을 완성하고 조선의 초대 총독으로 부임하였다.

이 모여 환영대회를 열었다.

그러나 을사조약이 체결되고 1907년 일제가 헤이그 밀사 사건을 꼬투리 삼아 고종을 강제로 내쫓고 순종을 즉위시키자, 이토 히로부미의 주장이 조선 민족에게는 전혀 해당되지 않는다는 것을 깨달았다. 이토 히로부미 같은 온건파나 데라우치 같은 강경파나, 일본이 어떤 형태로든 조선을 지배해야 한다는 생각에는 차이가 없었다.

이후 안중근은 의병에 참가하여 강력한 항일 투쟁에 나섰다가, 일본의 토벌에 밀려 의병들이 후퇴할 때 함께 만주로 망명했다. 그곳에서 독립군 활동을 준비하던 안중근은, 1909년 이토 히로부미가 만주 하얼빈을 방문한다는 소식을 듣고 그를 죽이기로 마음먹었다. 조선 침략의 원흉이 독립지사들의 근거지인 만주에 왔는데 그냥 돌려보내는 것은 인사가 아니었다.

인간 안중근의 고뇌

하지만 천주교 신자였던 안중근이 누군가를 죽이겠다고 결심하는 것은 결코 쉽지 않았을 것이다. 개인적 원한으로 살인을 저지르는 것과는 차원이 다른 일이었지만, 개인적인 고뇌가 없을 수는 없었다. 하얼빈에서 이토를 암살하고 끌려간 뒤, 안중근은 자신이 의병 중장의 자격으로 이토를 처단한 것임을 분명히 밝히고, 법정에서 조선을 침략하고 불법무도한 일을 제 마음대로 하여 동양 평화를 교란한 사실 등 15개 조의 죄상을 들어 이토 히로부미를 논죄하였다. 스스로 자신의 행위가 개인적 암살이 아니라 전쟁에서 적군을 저격한 것이

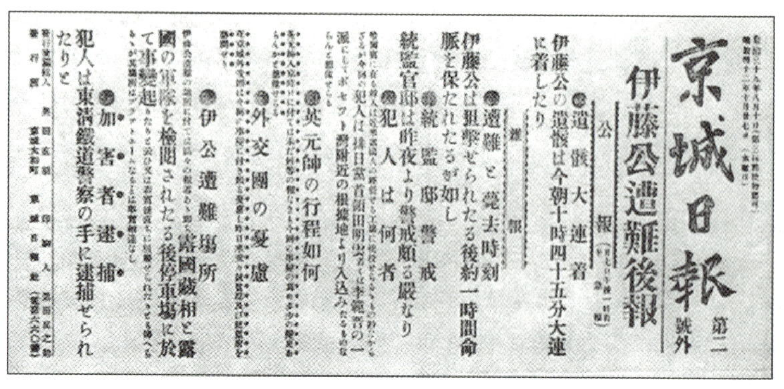

《경성일보》에 실린 안중근 체포 관련 기사. 안중근은 이토 히로부미가 지은 열다섯 가지 죄로 명성황후를 죽인 죄, 대한제국 황제를 내쫓은 죄, 을사조약을 강제로 맺은 죄 등을 들었다.

라고 규정한 것이다. 물론 일본은 안중근의 주장을 무시하고 살인죄로 기소하여 처벌했지만, 이 문제는 안중근 본인에게 매우 중요한 일이었다.

사형이 확정된 뒤, 안중근은 여러 통의 유서를 남겼다. 옥중 최종 유언으로 알려진 유서의 내용은 다음과 같다.

내가 한국의 독립을 되찾고 동양의 평화를 지키기 위해 3년 동안 해외에서 풍찬노숙하다가 마침내 그 목적을 이루지 못하고 이곳에서 죽노니, …… 내가 죽은 뒤에 나의 뼈를 하얼빈 공원 곁에 묻어 두었다가, 우리나라가 주권을 되찾거든 고국으로 옮겨 다오. 나는 천국에 가서도 또한 우리나라의 독립을 위해 힘쓸 것이다. 너희들은 돌아가서 국민의 의무를 다하며, 마음을 같이하고 힘을 합하여 큰 뜻을 이루도록 일러다오. 대한 독립의 소리가 천국에 들려오면

나는 춤추며 만세를 부를 것이다.

－1910년 3월 대한제국 의군참모중장 안중근 유언

자신의 시신을 독립한 고국에 묻어 달라는 부탁과 함께, 죽어서도 독립을 위해 힘쓸 터이니 모두 독립운동에 힘써 달라는 내용이다. 안중근은 이외에 가족들에게도 유서를 남겼는데, 독립운동가로서 조선 사람들에게 전하고 싶은 말을 담담하게 써 내려간 위의 글과 달리, 어머니와 아내에게 남긴 유서에는 절절한 신앙 고백과 가족에 대한 애틋함이 담겨 있다.

예수를 찬미합니다.

불초한 자식은 감히 한 말씀을 어머님 전에 올리려 합니다. 엎드려 바라옵건대 자식의 막심한 불효와 아침저녁 문안인사 못 드림을 용서하여 주시옵소서. 이 이슬과도 같은 허무한 세상에서 감정에 이기지 못하시고 불초자를 너무나 생각해 주니 훗날 영원의 천당에서 만나 뵈올 것을 바라오며 또 기도하옵니다.

이 현세現世의 일이야말로 모두 주님의 명령에 달려 있으니 마음을 평안히 하옵기를 천만 번 바라올 뿐입니다. 이 세상의 여러 가지 일은 정근과 공근에게 들어 주시옵고 배려를 거두시고 마음 편안히 지내시옵소서.

안중근은 어머니에게 계속 하느님을 믿어 나중에 꼭 천국에서 다

시 만나자고 했고, 아내에게는 장남 분도를 하느님께 바치어 신부가
되게 하라고 당부했다.

　사랑하는 아내와 어머니와 아들을 남겨 두고, 신앙적 가르침에 반하
는 행위를 결행했던 안중근. 이것이 '의사 안중근' 뒤에 가려진 '인간
안중근'의 모습이다.

19

나는 조선이 싫지만 역적이 되기도 싫다
3·1 운동

교과서 속 한 줄 역사 미국 토머스 우드로 윌슨 대통령이 주창한 '민족자결주의'에 고무된 종교계 및 국내 독립 인사들은 고종의 장례식 날 만세 시위를 준비했다. 3월 1일 독립선언서 낭독으로 시작된 만세 시위는, 1919년 내내 전국과 해외로 퍼져 나가면서 거족적 독립운동으로 발전하였다.

'조선'이라면 이가 갈리는 사람이 있었다. 부단한 노력 끝에 경찰이 된 그 님자는 자신에게 기회를 준 일제에 감사하며, 그 기회를 빼앗아 가려는 독립 운동가들을 잡아들이는 데 열과 성을 다했다. 유능한 형사로 능력을 인정받으며 하루하루 열심히 살아가고 있던 그는, 어느 날 호출을 받아 서울로 불려 올라왔다. 그곳에는 팔도에서 잘나가는 민완 형사들이 여럿 와 있었다. 모인 사람들은 하나의 특별 수사팀으로 조직되었는데, 이 팀의 임무는 고종 장례식 날 있을 시위 계획을 정탐하는 것이었다.

이름 없는 어느 형사의 헌신

일제는 고종의 장례식을 전후하여 대규모 시위가 열릴 계획이라는 첩보를 입수했지만, 시위 주동자들이 모두 종교계 거물인 데다 일이 워낙 은밀하게 진행되어서 관련자들을 체포하는 데 어려움을 겪었다. 그래서 특별 수사팀을 꾸려 결정적 증거를 잡아 일망타진할 계획을 세운 것이다. 그 형사는 일본인 형사들 못지않게 열심히 일했고, 마침내 시위 계획의 전모를 캐내는 데 성공했다.

거사일은 3월 1일, 지도부는 종교계 대표 30여 명, 독립선언서 작성자는 최남선, 인쇄는 어디, 시위 장소는 어디……. 하지만 시위 계획을 알아낸 형사는 갈등하기 시작했다. 예상보다 훨씬 더 엄청난 계획이었고, 잘하면 독립도 할 수 있을 것 같아 보였다.

'과연 내가 이런 엄청난 일을 무산시킬 만한 자격이 있는 사람일까? 나는 조선이 싫지만, 어차피 조선은 망할 나라고 이미 망한 나라이다. 그런데 만약 시위가 성공하여 새로운 나라를 만들게 된다면…… 내가 그 새로운 나라를 망쳐도 되는 걸까? 내게 그럴 자격이 있을까?'

고민하던 형사는 결국 상사에게 거짓 보고를 하고 만주로 도망쳤다. 조선인 형사가 사라지자 상황을 눈치 챈 일제는 즉각 경찰들을 파견해 그를 추적했고, 마침내 국경 근처에서 체포했다. 조선인 형사는 모진 고문을 당했다. 피 끓는 비명 소리가 국경 어느 취조실에서 터져 나왔다. 이를 악물고 고문을 참아 내던 형사는 결국 고개를 절레절레 흔들며 모든 것을 말하겠다고 했다.

3·1 운동 당시 만세를 부르며 시위하는 군중들. 3·1 운동은 남녀노소 할 것 없이 전 민족이 참여한 거족적 운동이었다.

"거사일은 3월 1일 정오경……."

그의 입이 열리자 취조하던 경찰들의 얼굴이 흙빛이 되었다. 그날이 바로 3월 1일이었고, 시곗바늘이 막 정오를 넘어가고 있었던 것이다. 피로 범벅된 형사의 얼굴에 어렴풋이 미소가 흘렀다. 그는 모진 고문을 당하면서 이를 악물고 그 시간까지 버틴 것이다. 3·1 운동의 성공에는 이 이름 모를 형사의 공도 보태져 있었다.

학생 시절, 어느 신문 기사에서 읽은 글이다. 현대사를 공부하고 가르치면서 '3·1 운동'과 만날 때마다 늘 이 이야기가 떠오른다. 3·1 운동을 '거족적 운동'이라고 하는 이유는, 우리 민족 한 사람 한 사람이 이 형사와 같은 마음을 갖고 있었기 때문일 것이다. 3·1 운동의 대명사인 '유관순 누나'의 이야기에서도 이를 확인할 수 있다.

유관순의 마음

3·1 운동 당시 이화여전 학생이었던 유관순은 주변의 만류에도 불구하고 시위에 참여했고, 그 덕에 초기 10여 일간 서울에서 벌어진 3·1 운동을 생생히 목격했다. 만세 시위의 열기와 일제의 잔인한 탄압은 그녀의 가슴에 깊이 각인되었을 것이다.

서울에 휴교령이 내려지면서 유관순은 다른 학생들과 마찬가지로 고향 집으로 내려갔다. 유관순의 고향은 천안이다. 당시 서울에서 전문학교를 다니는 학생은 시골에서 유명 인사 대접을 받았다. 유관순이 고향에 내려오자 친구들과 동네 사람들이 모여들었다. 라디오도 없고 신문도 뜸하던 시절, 그들은 유관순을 통해 생생한 서울 소식을 전해 들었다.

천안 사람들은 자기들도 가만히 있을 수 없다며 만세 시위를 준비하여 4월 1

유관순 열사의 수형 기록표.

일 장날에 터뜨리기로 했다. 유관순과 그 가족, 그리고 그녀가 다니는 교회가 중요한 역할을 했다. 마침내 4월 1일, 장터에 모여든 수천여 명이 만세 시위를 시작했다. 급히 출동한 일본 경찰은 시위대를 잔혹하게 진압했다. 한 달 이상 이어진 만세 시위에 시달린 일본 경찰은 야수로 돌변한 상태였다. 그들은 설득한다고 시위를 중단시킬 수 없다는 사실을 잘 알고 있었다.

유관순은 이날 일본 경찰의 총칼 앞에 부모를 잃고, 그녀 자신은 감옥으로 끌려갔다. 가슴 깊이 맺힌 한은 감옥에서도 불타올랐다. 그녀는 끝까지 지항했고, 결국 모진 고문을 당한 끝에 다살당하고 말았다. 그해 10월, 국내 첩보원이 올린 한 통의 보고서가 상하이 임시정부에 도착했다. 천안 시위를 주도한 유관순이 일제에 살해당했는데, 일본 경찰이 그녀의 시신을 여섯 토막을 내서 석유 상자에 담아 넘겨 주었다는 내용이었다.

비록 지도부도 없고 무력으로 맞설 힘도 없었지만, 당시 조선 사람들의 마음속에는 독립을 염원하는 간절한 마음이 불타고 있었다. 그런 마음이 밑불이 되었기에 그토록 오래, 그토록 광범위하게 강력한 저항이 이어질 수 있었던 것이다. 그리고 그 기억들은 해방의 그날까지 계속된 독립 투쟁의 원동력이 되었다.

20

당신은 대통령이 아닌데요?
이승만

잘 알려진 대로 1918년 미국 대통령 윌슨이 발표한 민족자결주의가 3·1 운동의 촉매제가 되었고, 그 결과 임시정부가 수립되었다. 그런데 여기서 궁금한 점이 두 가지 있다. 첫째, 왜 3·1 운동의 결과물이 '임시정부'일까? 둘째, 왜 미국 대통령 윌슨은 지키지도 않을 민족자결주의를 천명했을까?

준비된 '천재' 정치인

윌슨은 미국 역사상 가장 이상주의적인 대통령으로 평가받는 인물이다. 그는 1차 세계대전의 비극을 되풀이하지 않으려면 국제 평화체제를 구축해야 한다고 생각하고 그 유명한 '평화원칙 14개 조'를 발표했다. 그중 하나가 민족자결주의였다.

월슨은 민족자결주의를 내세우며 '독립할 의지가 있는 식민지는 독립할 수 있도록 도울 것이다. 그런데 계속 식민지로 남고 싶은 나라도 있을 것이니, 만약 독립하고 싶다면 임시정부를 세워라. 그러면 독립의 의지가 있다고 보고 도와주겠다'고 했다. 이에 따라 독립운동가들은 3·1 운동으로 국제사회에 독립 의지를 천명했으니, 임시정부를 수립하고 미국과 독립을 의논하는 것을 당연한 수순으로 받아들였다.

그렇다면 누가 임시정부의 지도자가 되어야 미국의 지원을 이끌어낼 수 있을까? 당연히 미국에 영향력을 행사할 수 있는 한국인이어야 할 것이다. 이 일을 해낼 인물로 이승만만 한 사람은 없었다. 이승만은 1908년 하버드 대학에서 석사 학위를, 1910년에는 프린스턴 대학에서 박사 학위를 받았다. 프린스턴 대학은 미국 대통령을 여러 명 배출한 정치 명문 대학인데, 이승만은 그 대학 역사상 최초로 2년 만에 박사 학위를 딴 천재였다. 하버드와 프린

젊은 시절의 이승만. 이승만은 1904년 미국으로 유학하여, 하버드와 프린스턴 대학에서 석·박사 학위를 받았다. ⓒ국사편찬위원회.

스턴 대학을 아우르는 최고위층의 인맥, 독실한 기독교 신자로서 미국 보수 사회의 호감을 얻고 있었던 점, 그리고 외교 활동에 주력하며 오랫동안 공들인 이미지 관리까지, 한 마디로 이승만은 준비된 사람이었다.

대통령을 향한 고집

1919년 임시정부 수립을 준비하는 사람들 중에 이승만을 대통령감으로 염두에 둔 이들이 매우 많았고, 이승만 자신도 대통령의 직책을 맡아 적극적으로 활동하고 싶어 했다. 하지만 민족자결주의가 표류하면서 일이 꼬이기 시작했다. 우선 동맹국들이 윌슨의 평화원칙 14개 조를 지지하지 않았다. 동맹국은커녕 미국 내부에서도 환영하는 분위기가 아니었다. 미국인들은 위대한 지도자 윌슨을 사랑했지만, 사랑과 국익은 별개의 문제였다. 윌슨의 평화원칙은 전쟁을 치르면서 발생한 재정 적자와 그 후유증에 시달리던 미국 국민들에게는 달갑지 않은 이상적인 정책이었다. 결국 미국 상원이 평화원칙 14개 조를 부결시켰고, 윌슨 대통령도 1919년 뇌혈전으로 쓰러졌다. 이로써 민족자결주의는 허공으로 날아가 버렸다.

민족자결주의가 폐기된 이상, 이승만의 역할도 그전 같을 수는 없었다. 더군다나 미국은 일본의 우방으로서 굳이 일본의 국익에 반하는 정책을 선택할 이유가 없었다. 이승만의 위상은 자연히 축소될 수밖에 없었다.

게다가 이승만은 임시정부가 생기기 전부터 자신을 '임시정부 대

1920년 12월 28일, 이승만이 임시정부 대통령으로 상해에 도착했을 때 열린 환영식. 그러나 이승만은 반년 정도만 상해에 있었을 뿐 대부분의 임기 동안 미국에 머물렀다.

통령'이라고 소개하고 다녀, 임시정부를 준비하는 사람들에게 비난을 받기도 했다. 보다 못한 안창호가 이승만에게 전보를 보내 '우리에게는 임시정부 대통령이라는 제도가 없다'며 항의했지만, 이승만은 '그로 인해 독립운동에 차질이 생긴다면 모두 당신들 책임이오'라며 묵살해 버렸다.

임시정부는 1919년 9월 출범을 앞두고 대통령 임명 문제로 갈등을 빚었다. 신채호 등 많은 이들이 반대하고 나섰지만, 이승만은 자신을 대통령으로 하지 않으면 임시정부에 참여하지 않겠다고 고집을 부렸다. 결국 안창호 선생이 나섰다.

"단재(신채호), 자네는 조직의 결정을 따를 각오가 되어 있소?"

"그렇습니다."

"당신은 이승만이 조직의 결정을 따를 사람이라고 생각하오?"

"아닙니다."

"지금 우리가 모두 단결하여 임시정부를 수립하려면, 결국 누가 양보해야겠소?"

"……."

그리하여 이승만이 대통령이 됨으로써 임시정부는 출범할 수 있었다. 하지만 임시정부와 이승만은 출발부터 삐걱거렸다. 이승만은 미국에서 임시정부가 있는 상하이로 건너오려 하지 않았다. 임시정부 측에서 강하게 항의하자 1920년 12월부터 반년 정도만 상하이에 머물렀을 뿐, 나머지 임기 동안에는 계속 미국에 머물렀다. 대통령을 할 때도 임시정부 사람들의 의견을 거의 듣지 않았다. 1922년에는 임시정부로부터 불신임을 받았으나, 이승만은 임시정부 대통령 직을 내놓지 않고 계속 버텼다. 결국 1925년 임시정부는 공금 횡령 혐의로 이승만을 탄핵하여 대통령 자리에서 쫓아냈다.

독선이 부른 불명예 퇴진

임시정부의 역사 26년 중 20년은 김구의 임시정부였다. 김구의 임시정부가 험난한 가시밭길을 헤쳐 나간 고난의 시절이었다면, 이승만이 대통령을 맡았던 초반 6년의 시간은 분열과 갈등의 연속이었다.

이승만은 훗날 고국에 돌아와 대통령이 되었으나, 4·19 혁명으로 사임하고 하와이로 망명하여 그곳에서 생을 마감했다. 그는 유언으로 자신만이 통일을 이룩할 수 있는데 이렇게 죽어 안타깝다고 했다고 한다. 자신만이 할 수 있다는 천재의 자신감, 그것은 독재의 마음과 종이 한 장 차이다.

이승만에 대한 평가는 늘 뜨거운 논쟁을 불러일으킨다. 대한민국 임시정부의 초대 대통령이자 대한민국 초대 대통령으로서, 그가 한국 현대사에 끼친 영향은 막대하다. 이승만은 스스로 자신이 미국 초대 대통령 워싱턴에 비견된다고 말했지만, 그는 임시정부 대통령으로서도, 대한민국 대통령으로서도 불명예 퇴진했다. 두 번 다 독선적인 정치가 문제였다.

21

낭만적 테러리스트
의열단

상하이에 사는 한 여성이 어느 카페에서 한 남자와 댄스를 춘다. 그 남자를 안는 순간 가슴에서 뭔가 딱딱한 게 느껴진다. 권총이다. 그 남자는 상하이에서 유명한 조선인 테러리스트 의열단의 행동대원이다. 준수한 외모에 세련된 매너, 그러면서도 왠지 모를 그늘이 느껴지는 우수에 가득 찬 그 남자에게 여자는 사랑의 감정을 느낀다. 하지만 그 남자는 곧 떠날 사람……

일제강점기에 인기를 끌었던 어느 연애 소설의 줄거리다. 소설 속

주인공인 의열단원들, 그들은 그로부터 70여 년 뒤인 2000년 장동건 주연의 영화 〈아나키스트〉에서 다시 한 번 모습을 드러낸다. 이 매력적인 남자들은 어떤 사람들이기에 소설과 영화의 주인공으로 사랑을 받았을까?

무정부주의자의 탄생

3·1운동은 민족사적으로나 세계사적으로 위대한 투쟁이었지만, 결과적으로 독립을 이루지 못했으니 실패한 투쟁이었다. 당대인들은 3·1운동의 실패 원인을 크게 두 가지로 분석했다.

먼저 사회진화론자들은 끝까지 비폭력 투쟁 원칙을 지키지 못하고 폭력적 투쟁으로 변질된 것이 실패의 원인이라고 진단했다. 이는 우리가 내면의 야만성과 폭력성을 버리지 못했고 아직 근대적인 문명성과 평화성을 갖추지 못했음을 의미한다는 것이다. 그래서 서구 열강이 조선을 미성숙하다고 보고 조금 더 일본의 지배를 받아야 한다고 판단하여 도움을 주지 않았으며, 열강의 도움을 받지 못해 독립하지 못했다는 것이 그들의 생각이었다. 이렇게 판단한 사람들은 실력양성운동을 펼쳤다. 우리 내면의 야만성과 폭력성을 극복하고 근대적 시민으로 다시 태어나려면 교육이 중요하다며 이를 으뜸 목표로 삼은 것이다. 이 운동을 주도한 대표적 인물이 '민족개조론'을 주창한 이광수李光洙이다.

이와 반대로 비폭력 투쟁 때문에 독립하지 못했다고 생각하는 사람들도 있었다. 3천만 동포가 모두 손에 무기를 쥐고 일본인 한 명씩

124

단재 신채호. 조선 무정부주의를 주창한 신채호는 의열단의 독립운동 노선과 투쟁 방법을 천명하는 〈조선혁명선언〉(왼쪽)을 집필하였다.

만 공격했다면, 조선에 주둔한 일본군과 경찰을 전멸시키고 독립을 얻어 냈을 거라는 주장이다. 이런 생각을 한 이들 중 일부는 사회주의자나 무정부주의자가 되었다. '강력하고 일사분란한 폭력 투쟁을 벌여 일제에 타격을 줌으로써 독립을 이루자.' 1920년대 초에 이러한 사상을 실천한 단체가 바로 의열단이었다.

의열단은 1919년 11월 김원봉이 만주에서 만든 무정부주의 단체다. 무정부주의(아나키즘)는 '조직'이 인간을 억압하는 가장 기본적인 장치라고 보고 국가권력을 비롯한 모든 사회적 권력을 부정했다. 조직을 없애면 인간 본연의 선함이 나타나 이상적 사회를 만들 수 있다는 것이다. 이들은 경찰서·군대·관공서·회사 같은 사회적·국가적 기구를 파괴하여 평등한 사회를 이루고자 했으며, 따라서 이런 기구를 공격하는 모든 파괴 행위를 미화하고 정당화했다.

중국에서 '조선 무정부주의'를 주창한 신채호의 지도를 받고 3·1운동 이후 새로운 독립운동을 모색하는 과정에서 탄생한 의열단은,

조직적이고 체계적으로 폭력 활동을 준비했다. 이들의 활동을 오늘날 교과서에서는 '의열 투쟁'이라고 부른다.

의열단은 활동 대상을 정한 뒤 작전을 짜는 사람, 폭탄과 무기를 제조·구입하는 사람, 거사를 결행할 행동 대원이 역할을 분담하여 조직적으로 준비했으며, 독일과 일본 등 다른 나라 무정부주의자들의 도움도 받았다. 모두 나라보다 자신의 신념과 정의를 더 중요하게 여기는 사람들이었다.

일제를 공포에 몰아넣다

의열단의 핵심은 행동 대원이었다. 이들은 거사의 성공률을 높이기 위해 평소 철저하게 준비했다. 특히 상류사회에 침투하여 고급 정보를 얻어 내려고 용모를 단정하고 세련되게 꾸미는 데 신경을 많이 썼다. 최신 유행하는 양복을 단정하게 차려입고, 모자와 머리 모양도 상류사회의 일원으로 보이는 데 손색이 없도록 갖추었으며, 누구와도 친근하게 대화할 수 있도록 말하는 법과 매너도 익혔다.

그렇다고 이들이 외모만 가꾼 것은 아니다. 테니스와 수영 등으로 체력을 단련하고, 다양하고 심도 깊은 독서를 통해 지적 능력을 겸비했으며, 유쾌하고 활달한 심성이 행동으로 드러나도록 끊임없이 자신을 연마했다. 물론 행동 대원 본연의 임무도 게을리하지 않았다. 단 하루도 사격 연습과 무기 조작 연습을 거르는 법이 없었다. 이런 과정을 거쳐 완벽한 무정부 폭력주의자, 의열단원이 탄생하였다.

명령이 떨어지면 모든 것과 인연을 끊고 일제의 폭력 기구와 함께

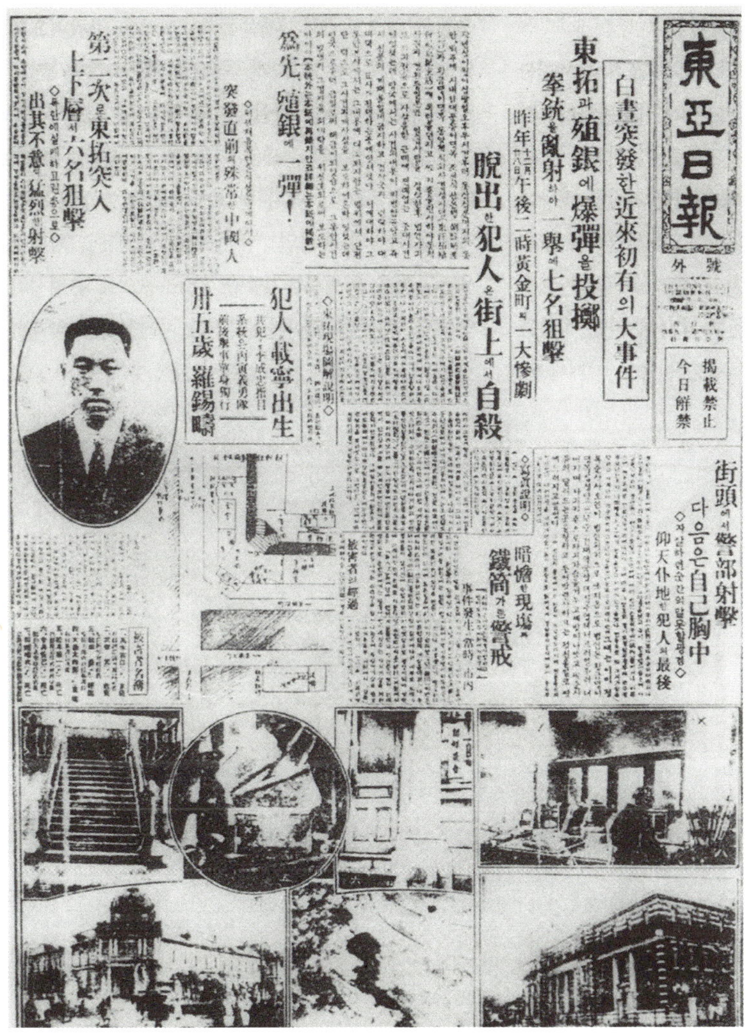

나석주의 동양척식회사 경성지점과 식산은행 폭탄 투척을 알리는 《동아일보》 1927년 1월 13일자 호외. '지난해(1926년) 말 일어난 나석주 열사의 의거를 소개하기 위해 호외를 특별 발행'했다고 밝히고 있다. '게재금지 금일해금'이라고 '동아일보' 제호 밑에 설명하고 있다. 나석주의 의거를 끝으로 의열단은 독립군 활동으로 방향을 전환한다.

자신의 목숨을 불태워 버린 의열단원. 그들은 조선 사람들에게 동경의 대상이자 낭만의 대상이었다. 세련된 용모, 신사다운 매너, 건장한 체격, 뛰어난 패션 감각, 재치 있는 유머를 곁들인 격조 높은 대화, 명랑하고 밝은 모습, 그러면서도 한 줄기 스치는 우울하고 슬픈 표정…….

의열단은 7~8년간 경찰서, 총독부, 식민지 회사 등에 폭탄을 던지고 총을 난사하며 조선 땅을 뒤흔들었다. 이들의 활동은 일제를 공포에 떨게 만들었다는 점에서 나름 성과를 거두었지만, 너무나도 아까운 목숨들이 별 소득 없는 자살 공격으로 희생되었다는 점에서 조선의 독립운동가들에게는 고뇌의 대상이었다. 결국 의열단은 1926년 12월 동양척식회사에 폭탄을 투척한 나석주羅錫疇의 의거를 끝으로 의열 투쟁을 접고 독립군 활동으로 전환했다. 그리고 끝까지 살아남은

김원봉金元鳳 일제시대 꽃미남의 대명사로 알려진 김원봉은, 재학 시절 스승과 친구들의 영향으로 항일사상을 품고서 1918년 중국으로 망명하여 본격적인 독립운동을 시작했다. 1919년 의열단을 조직하여 일제를 공포에 떨게 했던 그는, 20년대 중반부터 독립군 활동으로 노선을 변경하여 1935년까지 조선의용대 주요 지휘관으로 활동하였다. 이후 조선의용대가 분열되자 일부 병력을 이끌고 임시정부 광복군에 참여하여, 부사령 및 군무부장으로 활약했다. 해방 이후에는 중도 좌파로 활동하다가 1948년 월북하여 노동상 등을 지냈으나 민족주의적 성향 때문에 숙청당한 것으로 알려졌다. 한편 그의 이복동생들은 한국전쟁 당시 모두 좌익으로 몰려 처형당했다고 한다.

김원봉은 임시정부 광복군 지휘부로서 해방을 맞이했으나, 1956년 북한에서 반혁명분자로 숙청당했다.

의열단 활동을 어떻게 평가해야 할까? 21세기를 살고 있는 우리들에게 무정부주의나 폭력적 테러는 너무 먼 얘기로 느껴진다. 하지만 불과 100년 전 이 땅에 살았던 열혈 청년들은 이토록 치열하고 진지하게 고민하며 현실과 부딪혔다.

22

"나는 그대들의 노리개가 아니오"
신여성

내 또래 여성들을 보면 참한 딸이나 어머니의 이미지를 연상시키는 이름을 갖고 있는 사람이 많다. 말 그대로 정숙하다는 뜻의 '정숙'이, 은혜롭고 공경한다는 뜻의 '은경'이, 정말 은혜롭다는 뜻의 '혜진'이, 정말 정숙하다는 뜻의 '진숙'이, 아름답고 정숙하다는 뜻의 '미숙'이…… . 여자 이름이 원래 그렇지 않냐고 생각할지 모르지만, 일제강점기에 이름을 떨쳤던 여인들의 이름을 보면 꼭 그렇지만도 않다.

'모던 걸'의 등장

좌익 활동가이자 여성해방운동가, 공산당 지도자 박헌영의 여인으로 유명한 주세죽의 이름을 보자. '세죽世竹', 대나무의 기세라는 뜻이다. 이름이 드세면 팔자가 드세다고들 하는데, 참으로 대단한 이름이 아닌가! 좌익 여성 활동가로서 근우회槿友會 창립에도 공헌했던 여성운동가 정종명鄭鍾鳴, 유명한 우익 여성운동가 김활란金活蘭과 나혜석羅惠錫, 그리고 가깝게는 박정희 대통령의 부인 이름도 '영수'다.

이름을 짓는 데도 유행이 있어서 60, 70년대에는 여성성을 강조하는 천편일률적인 이름이 많았고, 그전까지는 일본식 이름인 '자' 자 돌림의 영자·미자·순자 등이 주류를 이루었다. 그 이전 일제강점기에는 오히려 성별을 구분하기 어려운 이름들이 곧잘 눈에 띈다. 시기별 여성의 지위와 이름 짓기 경향의 상관관계를 연구해 보는 것도 재미있을 듯싶다.

어쨌든 '주세죽'처럼 대단한 이름을 가진 여성들이 활발하게 활동

주세죽과 박헌영. 박헌영의 첫 번째 부인인 주세죽은 사회주의 운동가이자 독립운동가로서 사회주의 여성 단체를 결성해 활동했다. 코민테른이 모스크바에 설립한 공산주의 운동 지도자 교육기관인 동방노력자공산대학에 입학하였으며, 상하이에서 조선공산당 재건운동을 벌이는 등 활발한 활동을 펼쳤다.

했던 1920년대에는 새로운 여성, 이른바 '모던 걸'의 활약이 대단했다. 이는 미국을 비롯한 서구 사회에서 여성의 지위가 급속히 높아지면서 나타난 전 세계적 현상이었다. 1차 세계대전의 소용돌이 속에서 여성들이 산업과 살림을 모두 책임져야만 했으니 당연한 결과였다. 전쟁은 더 이상 여성들을 집 안에만 있게 내버려 두지 않았다.

사회 진출을 시작한 여성들은 정치·사회·문화 다방면에서 다양한 변화를 이끌어 냈다. 20년대 미국에서는 여성들의 치마 길이가 발목에서 무려 30센티미터 이상 올라가고, 여성들의 수영복 콘테스트가 개최되었으며, 술집에서 술을 마시는 여자가 등장하는 등 여성의 자기표현이 활발해졌다.

미국에서 시작된 여성의 사회 진출 바람은 우리나라에까지 불어닥쳤다. 20년대 경성 거리는 집 밖으로 쏟아져 나온 여성들의 물결로 넘실댔다. 당시 여성들의 기세가 어느 정도였는지 궁금하다면, 심훈의 소설 《영원의 미소》를 보자. 심훈은 한때 신채호 선생을 모실 정도로 개명한 사람이었지만, 그에게도 이 시대 여성을 이해하는 것은 무리였던 모양이다.

"남편이 감옥에 들어가 있는 동안 남편의 절친한 친구의 품으로 넘어간 여자, 미국 유학을 가

거리를 활보하는 신여성의 모습을 풍자한 《별건곤別乾坤》 1927년 1월호 삽화.

는 학비를 얻으려구 어느 돈 있는 놈의 첩 노릇을 한 일류 성악가,
예술가로 출세한 아내를 위해서 건강까지 희생을 해서 병이 든 남
편이 눈두 감기 전에 하꾸라이 신사와 결혼 계약을 해 가지고 그자
의 제인가 제삼부인이 된 여자 ……. 이 따위 얘깃거리는 내가 듣
구 본 것만 해두 열 손가락이 모자라 못 꼽겠네. 소위 신여성이 남
의 첩으로 들어가는 것쯤은 인젠 아주 예사야. 시비허는 사람까지
없을 만치 됐거든."

자유와 해방을 노래하다

여성의 사회 진출은 남녀평등과 여성해방운동의 활성화, 그리고
가족관과 사랑관의 변화를 이끌었다. 좌익 여성들은 자유연애와 사
상을 일치시키는 '콜론타이즈 연애관'을 피력했다. 콜론타이즈 연애
관이란, 간단히 말해 사상적으로 맞지 않는 남자와는 얼마든지 헤어
질 수 있다는 것이다. 1945년 건국준비위원회 부위원장을 맡고 이후
월북하여 김일성종합대학 총장 직을 맡았던 허헌許憲 변호사의 딸 허
성숙許貞淑은 친일파로 변절한 남편들과 몇 번이나 이혼했다.

우익 여성들도 자유연애를 신봉했다. 사랑한다면 상대가 유부남이
라 해도, 즉 불륜이라 해도 거리낌이 없었다. 〈사의 찬미〉로 유명한
윤심덕은 유부남 김우진과 동반 자살함으로써 생을 마감했다.

결혼과 이혼을 주체적으로 선택하겠다고 공개적으로 선언한 여성
도 등장했다. 화가이자 문필가인 나혜석이 그 주인공이다. 나혜석은
그때까지 오직 남성의 전유물이요 여성들에게는 평생의 수치로 여겨

졌던 이혼을 당당히 드러내는 〈이혼고백서〉를 발표해 일대 파란을
일으켰다.

조선의 남성들아, 그대들은 인형을 원하는가, 늙지도 않고 화내지
도 않고
당신들이 원할 때만 안아 주어도 항상 방긋방긋 웃기만 하는 인형
말이오.
나는 그대들의 노리개를 거부하오.
내 몸이 불꽃으로 타올라 한 줌 재가 될지언정
언젠가 먼 훗날 나의 피와 외침이 이 땅에 뿌려져
우리 후손 여성들은 좀 더 인간다운 삶을 살면서 내 이름을 기억할
것이라.

한국 최초의 여성 서양화가이자 문필가로 이름을 떨친
나혜석. 그녀는 남편 김우영과 이혼한 뒤 가정뿐만 아
니라 연애에서도 남녀의 불평등이 강요되는 사회, 여성
에게만 정조를 강요하는 이중성에 항의하는 〈이혼고백
서〉를 발표하여 세상을 떠들썩하게 만들었다.

‘식민지’라는 굴레에 ‘여성’으로서 받는 억압까지 겹친 이중고 속에서 자유와 해방을 얻으려고 몸부림쳤던 여성들의 노력은, 오늘날 남녀평등의 초석이 되었다. 그것이 엄혹한 시대의 한가한 몽상이었든, 시대와 겉도는 일부의 문화적 담론이었든 말이다.

23

나는 공산당이 싫소
김좌진

교과서 속 한 줄 역사　김좌진의 북로군정서군과 홍범도의 대한독립군 등 독립군 연합부대는 청산리에서 일본군을 대파하고 1,000여 명을 사살했다. 그러나 간도 참변과 자유시 참변, 미쓰야 협정 등 연이은 탄압으로 매우 어려운 시기를 보냈다. 1920년대 중반 만주의 독립군은 군정 기관인 3부를 만들고, 이를 통합하는 운동을 벌여 국민부와 혁신의회를 조직하였다.

1915년 비밀결사 조직인 대한광복회에 가입하여 부사령으로 활동하던 김좌진은, 1918년 만주로 망명하면서 독립군 생활을 시작했다. 그는 단군을 믿는 대종교도로서 대종교의 경제적 후원을 받았고, 안동 김씨 부잣집 출신이라 경제적으로 여유가 있었다. 그런 까닭에 김좌진이 지휘한 북로군정서군은 다른 독립군 부대보다 무기 등 여러 면에서 우수했다.

북로군정서군은 그 유명한 청산리대첩에서 혁혁한 공을 세움으로써 만천하에 이름을 떨쳤다. 1920년 10월 김좌진이 이끄는 북로군정

서군과 홍범도가 이끄
는 대한독립군 등이 주
축이 된 독립군 부대는
만주 청산리 일대에서
벌어진 10여 차례의 전
투에서 승리를 거두며
일본군을 대파했다. 이

김좌진(왼쪽)과 홍범도 두 사람은 20년대 만주에서 독립군을 이끌며 혁혁한 공을 세웠다.

때 가장 어려운 전투를 맡았던 북로군정서군이 지형지물을 적극 이용하여 일본군을 격파함으로써 독립군 연합부대는 대승을 거둘 수 있었다. 오늘날 청산리대첩의 공을 김좌진에게 모두 돌리는 것은 옳지 않다는 주장이 제기되고 있지만, 김좌진 부대가 전투에서 핵심 역할을 한 것은 분명한 사실이다.

소련의 배신과 독립군의 분열

물론 청산리대첩의 승리는 닥쳐 오는 일본군의 파도 하나를 넘은 것일 뿐, 그것이 곧 독립군의 승리는 아니었다. 일본이 대규모 병력을 동원하여 대대적으로 토벌 작전을 전개하자, 한국의 독립군은 여러 개로 분산되어 있던 조직을 통합하여 대한독립군단을 만들고, 소련 영토인 연해주로 대피했다.

당시 소련은 사회주의 국가에 적대적인 일본의 공격을 받고 있어서 우리 독립군과 연합하기를 원했다. 그리하여 1921년 1월부터 소련 영토인 연해주 자유시에 독립군 연합부대가 집결하기 시작했다. 하

청산리 전투의 주인공들. 맨 앞에 앉은 사람이 김좌진.

지만 자유시로 들어간 독립군은 곧 곤란한 상황에 처했다. 일본이 독립군의 무장해제를 조건으로 소련에 우호 관계를 제안했고, 소련이 이를 받아들였기 때문이다.

소련의 무장해제 제안을 놓고 한국의 독립군은 찬성과 반대로 분열되었고, 소련과 손을 잡은 찬성파가 반대파를 공격하여 수백 명을 학살하는 '자유시 참변'이 일어났다. 이 사건으로 독립군은 큰 타격을 입고, 많은 독립군이 소련 땅을 떠나 다시 만주로 돌아왔다. 김좌진도 이때 만주로 돌아와 독립군을 재건하기 위해 노력했다. 그는 대종교도와 북로군정서군 부대를 주축으로 북만주에 '신민부'라는 군정 기관을 만들고 활동을 펼쳤다.

하지만 만주의 지배자 장쉐량張學良이 일본과 손을 잡고 독립군을 탄압하여 활동이 여의치 않았다. 당시 만주의 독립군은 거의 활동을

138

중지한 상태였다. 실망한 김좌진은 만주에서 정미소 등을 운영하며 유유자적한 세월을 보냈다. 1923년 김교헌金敎獻이 독립운동을 비관하고 자살한 뒤 일부 대종교도들이 친일로 변절했는데, 김좌진도 함께 변절했다는 소문이 돌 정도였다. 김좌진이 만주에서 독립운동가치고는 넉넉하게 살았던 것도 이러한 소문을 부채질했던 것 같다.

독립군 대장의 기막힌 죽음

그러던 중 1920년대 후반 들어 만주에서 사회주의 계열의 독립군 활동이 두각을 나타내기 시작했다. 그들은 소련이나 중국 공산당의 후원을 업고, 침체에 빠진 민족주의 계열 독립군보다 활발한 활동을 펼치며 세를 키워 갔다.

하지만 김좌진은 좌익 계열 독립군을 용서할 수 없었다. 그에게 좌익은 자유시 참변으로 독립군을 망친 철천지원수였다. 김좌진은 좌익 독립군에 반대하는 활동을 펼치기 시작했고, 그러자 좌익은 김좌진을 반동 친일 변절자로 규정했다.

침체에서 헤어나지 못하는 신민부, 친일에 빠진 일부 대종교도들과의 친분, 좌익 독립군과의 갈등, 이 모든 것이 김좌진에게 불리하게 작용했다.

1930년 1월 24일, 한 청년이 김좌진이 운영하는 정미소를 찾아왔다. 청년은 김좌진을 본 순간 권총을 난사했고, 김좌진은 그 자리에서 숨을 거두었다. 42세의 한창 나이였다.

20년대 이후 좌우 갈등 속에 많은 독립운동가들이 희생되었다. 그들은 새로운 나라를 어떻게 건설할지를 놓고 치열하게 싸웠다. 이 갈등을 해소하고자 민족 단결을 우선시하는 민족사회주의자들이 등장하기도 했다. 홍명희, 여운형, 김창숙 같은 사람들이 그들이다. 하지만 끝내 그 분열을 극복하지 못했고, 어찌 보면 분단도 그 결과라고 할 수 있다.

독립운동의 한복판에서 처절하게 싸우다가 같은 민족의 손에 목숨을 잃은 김좌진 장군. 영웅의 마지막이라고 하기에는 너무 안타까웠던 그 죽음이야말로 우리 민족의 자화상이 아닐까?

24

임시정부의 어머니
곽낙원

교과서 속 한 줄 역사   1923년 임시정부의 진로와 독립운동의 방향을 논의하고자 열린 국민대표회의가 결렬된 뒤, 임시정부는 내각 구성조차 어려울 정도로 침체에 빠졌다.

중학교 때 국어 교과서에서 김구金九 선생의 어머니 곽낙원郭樂園 여사에 관한 이야기를 본 적이 있다. 오래전 일이라 자세한 내용은 기물가물하지만, 그 글을 읽으면서 '위대한 인물 뒤에는 위대한 어머니가 있구나.'라고 생각했던 기억이 난다. 그런데 어찌된 일인지 그 뒤 교과서에서 곽낙원 여사의 이야기는 사라졌고, 이제 곽낙원 여사의 이름을 기억하는 이도 거의 없다.

사형수가 된 아들

곽낙원 여사는 1852년 황해도에서 태어났다. 평범한 김구 선생의 집안으로 시집온 것을 보면, 그녀 역시 평범한 집안의 딸이었을 것이다. 그래도 곽낙원 여사는 교육열만큼은 대단해서 좋은 선생을 초빙해서 자식들을 가르치는 일에는 누구보다 열성적이었다. 하지만 아들 김구는 10대 때부터 평탄한 삶을 살지 못했다.

언젠가 이한열 열사(1987년 6월 경찰이 쏜 최루탄에 맞아 사망함)의 어머니 배은심 여사를 만난 적이 있는데, 그분 말씀이 10년이 지난 뒤에도 해마다 6월이면 당신 아들이 중환자실에 있을 때 들었던 기계 소리가 떠올라 몸서리가 쳐진다고 했다. 자식 둔 어머니의 마음은 다 같을 것이다.

애지중지 키운 아들이 고작 열 몇 살에 동학에 가입하여 열여덟에 '동학란의 괴수'가 되었으니 곽낙원 여사의 마음이 오죽했겠는가. 나아가 명성황후의 원수를 갚겠다며 일본군 중위 쓰치다를 살해하고 사형수가 된 아들의 옥바라지를 하며 또 얼마나 많은 눈물을 흘렸을까. 하지만 어머니는 마냥 슬퍼하고 있지만은 않았다. 아들 뒷바라지를 하다가 어

곽낙원 여사와 세 아들. 가운데 앉은 사람이 곽낙원 여사, 그 뒤에 서 있는 사람이 백범 김구 선생이다.

느새 자신도 운동가가 된 것이다.

임시정부의 안살림을 맡다

나라가 망한 뒤 아들이 독립운동을 하겠다며 중국으로 망명하자, 어머니는 집에 남아 자식이 남긴 가족들을 보살피며 세월을 보냈다. 그러다 20년대 중반 어느 날, 아들에게 연락이 왔다. 임시정부가 풍비박산 났으니 어머니가 와서 도와달라는 요청이었다. 산 넘고 물 건너 일본 경찰의 눈을 피해 한걸음에 달려온 어머니는 임시정부의 상황을 보고 깜짝 놀랐다. 돈이 없어 모두 굶어 죽기 직전이었다. 명색이 임시정부 요인이라는 사람이 일기에 '너무 배고프다. 뭐 좀 먹었으면 좋겠다'고 쓸 정도였다.

어머니는 팔을 걷어붙이고 상해의 고급 주택가 쓰레기통을 뒤져 배추 시래기들을 모아 와 죽을 끓였다. 그날부터 요인들을 먹이는 건 어머니 몫이었다. 구걸을 하든 쓰레기통을 뒤지든 모금을 하든, 어머니가 상하이에 온 뒤로 요인들을 굶기지 않았다는 전설 같은 이야기 전해진다.

다행히 윤봉길 의사의 홍커우 의거 이후, 중국이 임시정부를 지원하면서 살림이 좀 나아졌다. 사람이 배가 부르면 체면과 예절을 차리게 되는 법. 어느 해인가 어머니 생일 날 임시정부 요인의 사모님들이 돈을 모아 좋은 옷 한 벌을 마련해 왔다. 항상 누더기만 입고 다니는 임시정부 주석의 어머니가 안쓰러워 보였을 것이다.

하지만 옷 선물을 받아든 어머니는 낯색이 대번에 흙빛으로 변하

임시정부 요인과 직원들의 기념사진. 1919년 3·1 운동 이후 중국 상하이에서 조직된 임시정부는 1945년 해방을 맞이할 때까지 일제에 맞서 투쟁을 벌였다. 임시정부의 활약 뒤에는 곽낙원 여사를 비롯한 수많은 사람들의 헌신적인 열정과 노력이 숨어 있다.

더니 옷을 갈기갈기 찢어 밖에 내던지고는 "남편들은 목숨을 걸고 독립운동하는데 여편네들은 옷 사 입으며 호의호식하는가!"라며 꾸짖었다. 사모님들은 진흙 바닥에 무릎을 꿇고 용서를 빌었다고 한다. 그렇게 임시정부 안살림을 맡아 때로는 상하이에서, 때로는 조선에서 십수 년간 정열적인 활동을 펼쳤던 곽낙원 여사는, 1940년 82세의 나이에 충칭에서 쓸쓸히 돌아가셨다.

잊혀진 여성들

학교에서 근현대사를 가르치면서 답답한 것 중 하나가 교과서에 여성 독립운동가의 이야기는 거의 없고, 김활란·모윤숙 등 친일 여

144

성들의 이름만 나오는 것이다. 3·1 운동 당시 투옥된 사람 중에 남자보다 여자가 더 많았다고 할 정도로 조선 여성들은 나라를 되찾는 일에 적극적으로 나섰다. 어찌 보면 그건 당연한 일이었다. '식민지'와 같은 억압적이고 비정상적인 체제일수록 사회적 약자가 더 심한 고통을 겪기 때문이다. 식민지 사회 밑바닥에서 온갖 고통을 당한 여성들이야말로 누구보다 절절히 독립을 원했을 것이다.

내가 곽낙원 여사를 존경하는 이유는, 김구의 어머니여서가 아니라 '김구의 동지'이자 '여성 독립운동가'이기 때문이다. 누군가의 어머니, 아내, 애인으로 기억되는 여성들 중에도 동지적 관계로 주체적인 삶을 살았던 이들이 많다. 그런 여성들의 이야기가 교과서에 좀더 많이 실렸으면 좋겠다.

25
화려한 도시 문화를 꽃피우다
경성의 모던

"이곳은 W 백화점 입구이다. 유선형 '시브레' 차 한 대가 동대문 방면에서 쏜살같이 달려와 스르르 스톱을 한다. 곧 문을 열고 나오는 주인공은 '샤리 템플'같이 귀여운 소녀 두 명과 젊은 부부 두 사람이다. 그들은 모두 가슴에 진달래를 꽂았다. 아마 정릉이나 성북동에서 꽃구경을 하고 오는 모양이다. 젊은 부부는 각각 어린애를 하나씩 손에 잡고 백화점으로 들어간다."

―《조광朝光》 1937년 4월호

'가족, 꽃구경, 자동차, 백화점……'. 30년대 경성의 모습을 묘사한 것인데, 마치 요즘 여느 가족의 주말 풍경을 보는 듯하다. 이처럼 20, 30년대 경성은 화려하고 풍부한 도시 문화를 꽃피웠으며, 경성 사람들도 유행과 소비에 민감한 도시민의 삶을 영위하였다.

백화점으로 몰린 사람들

이 기록에서도 알 수 있듯이 도시 문화의 정점에는 '백화점'이 있었다. 당시 경성에는 미쓰코시 백화점을 비롯한 일본 백화점 지점들과, 화신和信백화점 등 우리나라 사람이 세운 백화점이 자리를 잡고 있었다. 처음에는 큰 건물 안에 자리 잡은 시장에 불과했던 우리 백화점은 점차 일본 백화점을 '벤치마킹' 하면서 꼴을 갖추어 갔다.

초창기 우리 백화점의 가장 큰 문제는 '디스플레이' 였다. 어떻게 상품을 진열해야 손님의 눈을 끌지 전혀 고민하지 않았고, 그러다 보니 사람들은 여러 상품이 뒤죽박죽된 한국 백화점보다는 손님 취향에 맞게 품목별로 깔끔하게 물건을 진열한 일본 백화점을 많이 찾았다. 그러사 민족주의자들은 우리 백화섬의 신열 수준을 높이고자, 잡지에 백화점별 진열 수준 순위를 공개하는 등 자극을 주었다.

한편 진열 방식 못지않게 중요한 것이 친절하고 세련된 매너를 갖춘 판매원이었다. 백화점을 비롯한 고급 상점의 판매원은 일제강점기 여성들에게 가장 인기 있는 직업이었다. 백화점들이 유능한 점원을 유치하려고 경쟁하고, 서울 총각들은 일등 신붓감을 고른다며 하루 종일 백화점에 죽치고 앉아 점원들을 힐끔힐끔 엿보면서 평을 하

종로에 자리 잡은 화신백화점(위)과 현재 회현동 신세계백화점 자리에 있던 미쓰코시 백화점. 백화점은 화려한 경성의 도시 문화를 상징한다.

곤 했다.

심훈의 소설 《영원의 미소》에 이런 세태가 잘 묘사되어 있다. 늘씬한 외모에 일류 학교를 나온 여주인공 최계숙이 백화점 점원으로 일하다가 재벌 집 아들의 구애를 받으며 벌어지는 소동을 담은 이 소설에서, 심훈은 당시 세태를 비판하고 농촌계몽운동의 필요성을 역설했다.

그 외에도 백화점 간 경쟁은 많은 진풍경을 낳았으니, 그중 하나가 엘리베이터였다. 1920년대 일본에서도 보기 힘들다는 엘리베이터가 화신백화점에 들어오자 사람들이 구름처럼 몰려들었다. 엘리베이터를 타러 몰려온 사람들은 하루 종일 백화점 입구에 진을 치고 차례를 기다리다 몇 번씩 오르락내리락했다. 그 덕에 백화점은 발 디딜 틈 없이 북적거렸지만, 사람들이 물건은 사지 않고 엘리베이터만 타고 돌아가 백화점은 손해를 보았다며 울상을 지었다고 한다. 그래도 어쨌든 화제가 되고 사람들이 많이 와야 물건을 팔 기회도 많아지니, 백화점에서는 이런 것들을 열심히 들여놓았다. 화신백화점은 1932년 엘리베이터에 이어 에스컬레이터를 들여놓아 또 한 번 큰 화제를 일으켰다.

엘리베이터와 에스컬레이터로 사람들을 모았으니, 그들에게 물건을 사게 할 묘안은 없을까? 이런 고민 속에 나온 것이 '경품'이다. 한 백화점에서 한 달간 일정 금액 이상 물건을 산 손님들에게 경품권을 나누어 주고 추첨하여 상품을 주었는데, 1등상이 놀랍게도 '문화주택'이었다. 새로운 개량주택으로 큰 인기를 끌었던 문화주택은, 지금

일제시대 경성의 번화가. 중앙우편국 앞에서 바라본 조선은행과 종로 방면. 널찍한 대로와 일본어로 씌어진 거대한 네온사인이 눈에 띈다.

으로 치면 신도시 아파트 정도 되는 어마어마한 경품이었다. 그 백화점은 덕분에 1년 동안 팔 물건을 한 달 만에 다 팔았다고 한다. 물론 무분별한 경품 행사를 비판하는 목소리가 엄청나게 쏟아졌다.

소비문화 열풍

이런 풍경은 '식민지 도시'와는 어울리지 않아 보이지만, 이는 당시 세계적인 경향이었다. '문화의 지구적 유행'은 현대사회의 특징 중 하나다.

20년대 미국에 휘몰아친 소비문화의 열풍은 어마어마했다. 여성들은 직장을 얻고자 학구열에 불타올랐고, 남자들은 '마이카'족에 합류하려고 빚을 내서라도 차를 샀다. 라디오로 세상 소식을 접하고, 재테크에 광분한 사람들이 부동산 투기와 주식 투자에 몰려들었다. 이러한 소비 열풍이 1929년 경제 대공황이 올 때까지 미국 사회를 폭풍처럼 휘몰아쳤고, 라디오 등 현대 언론 매체를 통해 대서양과 태평양을 넘어 전 세계로 퍼졌다.

경성은 식민 지배의 어두운 공간에 놓여 있었지만, 근대 세계의 일원으로서 동시대성을 획득하기 시작했다. 식민 도시 '경성'도 20세기 초 지구촌의 유행과 변화의 흐름 속에 놓여 있었던 것이다. 그렇게 우리도 세계와 함께 호흡하고 있었으니, 그것이 바로 경성의 '모던'이다.

26

'소수자 운동'의 원조
형평운동

교과서 속 한 줄 역사　1894년 갑오개혁으로 백정에 대한 차별이 철폐되었다. 하지만 사회적 차별은 여전했고, 일제강점기 총독부도 차별 정책을 계속 유지하였다. 마침내 백정들은 1923년 형평운동을 일으켰고, 언론과 사회주의 진영의 도움을 받아 전국적 운동으로 발전시켰다.

'백정'은 조선시대 도축업에 종사하는 사람, 곧 '짐승을 죽여 그 고기를 먹을 수 있게 만드는 사람'을 일컫던 말이다. 생명을 빼앗는 일이므로 사람들이 굉장히 꺼리는 직업이었고, 그런 까닭에 백정은 '천인' 신분으로서 사회적 차별과 냉대에 시달렸다. 조선뿐 아니라 어느 사회든 도축업에 종사하는 사람들은 최하층 천인인 경우가 많다.

일제가 '백정' 차별을 부추긴 이유

1894년 갑오개혁 때 신분제가 폐지되면서 백정에 대한 차별이 철폐되었다. 물론 사회적 차별과 멸시까지 단번에 사라지진 않았지만 법적·제도적인 불이익은 면할 수 있었다. 그런데 한일병합 이후 백정들은 다시 어려운 상황에 처하게 되었다. 일제가 백정을 '도한屠漢'이라고 하여 따로 호적에 표기하도록 하고 관공서 서류에도 백정임을 표시하도록 했기 때문이다. 심지어 학생들의 기록부에 아버지 직업이 백정이라는 것을 반드시 적게 했다. 사회적 차별이 사라질 때까지 가능한 한 드러나지 않게 해야 함에도, 오히려 눈에 띄게 만들어 구분지음으로써 차별 의식을 더 강화시킨 것이다.

일제는 왜 이런 정책을 시행했을까? 일단 일본인들 자체가 '백정'을 싫어했다. 일본에서는 백정과 같은 도축업자를 '에타'라고 불렀는데, 에타에 대한 차별이 조선보다 더하면 더했지 덜하지 않았다. 지금도 일본에서는 에타 출신 집안과 결혼을 꺼린다고 할 정도다.

이와 함께 한편으로 일제가 의도적으로 백정에 대한 차별을 부추긴 측면도 있다. 백정을 사회적 '이지메' 대상으로 삼은 것이다. 일본의 '이지메'는 집단의 스트레스를 해소하기 위해 가하는 폭력이라고 할 수 있다. 가장 만만한 사람 하나를 골라 공격함으로써 집단 내 단결을 도모하는 것이다. 이는 정통성 없는 지배층

1900년대 백정이 운영하던 푸줏간 풍경. 백정은 갑오개혁으로 신분제가 폐지된 뒤에도 일제의 차별 정책으로 인해 큰 고통을 받았다.

이 즐겨 사용하는 지배 정책이기도 하다. 그런 일제 지배 정책의 희생양이 바로 백정이었다.

독립의 길은 멀고도 험난해 보이고, 당장 일제 지배는 가혹하고 힘들었다. 사람들은 스트레스를 풀 대상이 필요했다. 이런 상황에서 일제는 '백정'의 존재를 드러내 보이도록 만들었다. 옛날에는 바짝 엎드려 숨도 못 쉬고 다니던 것들이 고개 빳빳이 쳐들고 다니는 꼴이 사람들 눈에 영 거슬렸다. 신분제가 폐지된 지 20년이 지났지만 사람들은 여전히 백정들을 사람 취급도 하지 않았다. 어린 아이들도 중년의 백정에게 반말을 하고, 백정의 무덤에는 떼도 못 입히게 했으며, 목욕탕이나 이발소에서는 손님으로 받아 주지 않고 쫓아냈다. 심지어 백정의 아이가 학교에 다니면 또래들이 돌을 던지고, 다른 학부모들이 그 아이를 전학 보내라고 압력을 가했다.

마침내 참다 못한 백정들이 들고일어났다. 진주에서 백정들이 모

백정白丁 '백정'이 도축업에 종사하는 천민 신분을 일컫는 말로 자리 잡기 시작한 것은 조선 중기 이후이다. 고려시대에는 농업에 종사하는 농민층을 백정이라 칭했고, 도축업이나 고리(버드나무로 만든 그릇)를 만드는 사람들은 '화척禾尺'이라 불렀다. 그런데 조선 세종 때 화척·재인才人에게 농토를 주고 정착시키는 정책을 시행하면서, 이들을 일반 농민으로 삼아 '신백정'이라 불렀다. 그러나 화척은 본래 북방 유목민 계통으로, 이들은 여전히 무리지어 유랑하거나 별도의 부락을 이루고 살면서 일반민과 통혼하지 않았고, 점차 국역과 조세의 부담도 지지 않게 되었다. 이들 대부분이 도축업에 종사했기 때문에 '백정=도축업자'로 이해하게 되었다.

여 '형평사_{衡平社}'라는 조직을 만든 것이다. 균형이 맞아야 '형평(양팔
저울)'이 제구실을 할 수 있듯, 세상 사람 모두 평등할 때 행복한 세상
이 온다는 의미를 담은 이름이다. 그 뒤 '백정 차별 반대운동'을 '형
평운동'이라 불렀다.

일제 타도 운동에 나서다

백정들은 형평운동의 첫 실천으로, 계속 백정들을 차별하면 고기
를 더 이상 팔지 않겠다고 선언했다. 사람들은 처음에는 '그깟 고기
안 먹으면 그만이지'라고 가볍게 생각했지만, 현실은 그렇지가 않았
다. 고기는 제사상에 빠질 수 없는 제물이었다. 제삿날은 다가오는데
백정들이 고기를 주지 않고 버티니 큰일이 아닌가. 화가 난 사람들이
몰려가 백정들에게 주먹을 휘두르고, 백정들이 이에 맞서 칼을 휘두
르면서 사상자가 발생했다.

1930년 형평운동 전국대회 포스터.

사건이 커지면서 형평운동도 확산되고 사회적 여론도 들끓었다. 하지만 일제는 조선인들끼리의 싸움이라며 팔짱을 끼고 방관만 할 뿐이었다. 뿌리 깊은 차별 의식으로 인해 사람들의 태도는 쉽게 변하지 않았다. 형평운동 지도부는 이 문제를 해결할 정답을 알고 있었다. 그들은 이 모든 사태의 원인

이 일제이며, 결국 일제 타도 운동을 벌여야 문제가 해결될 것이라고 생각했다.

20년대 내내 백정들은 형평운동뿐만 아니라 노동운동 등 다른 사회운동에도 참여하며 함께 싸우려고 노력했다. 비록 일제 말기 지쳐 버린 일부 지도부가 일제와 타협해 친일의 길을 걸으면서 많은 노력을 물거품으로 만들어 버렸지만, 형평운동은 사회적 소수자 운동의 사례로 그 뒤에도 중요하게 언급되었다.

만화 《식객》에 보면 도축업자의 딸이 아버지 직업 때문에 파혼을 당하는 이야기가 나온다. 지금도 도축업 종사자들 중에는 직업을 밝히는 걸 꺼리고, 언론 등에 사진이 실리는 걸 극력 거부하는 사람들이 있다고 한다. 누구 덕에 고기를 먹는데 왜 그분들을 그리 힘들게 하는지 모르겠다. 잡는 것이나 먹는 것이나 살생하기는 매한가지다. 내 손에 피 안 묻힌다고 나 몰라라 하는 건 도리가 아니지 않을까?

27

아무도 돌봐 주지 않는 사람들
애니깽·카레이스키

일제시대 망국과 일제의 수탈을 피해 해외로 이주하는 사람들이 많았다. 그중에는 큰 뜻을 품고 거창한 계획을 가지고 띠닌 사람도 있지만, 대개는 지긋지긋한 가난에서 벗어나 새로운 직업과 기회를 찾으려고 비싼 돈을 지불하며 배에 올라탔다. 그러나 그들 역시 나라 없는 서러움을 겪지 않을 수 없었다.

서러운 이주민들

미국 하와이와 멕시코 등지로 이주한 미주 교포 1세대 중에는 사기성 이주 노동에 팔려간 사람들이 많았다. 홍콩 영화 〈황비홍〉을 보면 미국 상인들이 중국인들에게 미국으로 가면 취업해서 큰돈을 벌 수 있다고 속이고, 돈을 받은 뒤 노예로 팔아먹는 장면이 나온다. 노예 해방으로 노동력이 부족해진 미국의 농장주들이 이런 식으로 아시아에서 값싼 노동자를 수입해 부려 먹은 것이다.

우리나라 교포들도 비슷한 사기를 당해 그 먼 곳까지 갔다. 갖은 고생 끝에 이역만리 타국에 도착해 보니, 약속했던 집과 월급은 고사하고 가축우리 같은 합숙소가 노동자들을 기다리고 있었다. 하와이와 멕시코의 농장주들은 그곳에 사람들을 몰아넣고 겨우 생존 가능한 월급만 주었다.

일은 또 얼마나 혹독했는지 열대의 찌는 듯한 더위 속에서 하루 종일 일을 하다 보니 열사병으로 쓰러져 죽는 이들이 속출했다. 가시가 길고 날카로운 용설란 잎과 파인애플을 따면서 우리 노동자들은 쉴 새 없이 찔리고 상처를 입었다. 그러나 백인 감독관들은 채찍을 휘두르며 "빠리 빠리"를 외칠 뿐이었다.

태평양을 건너 천만 리 머나먼 땅에 외로이 떨어진 사람들은 속수무책 당할 수밖에 없었다. 처음에는 몇 번 항의도 해봤지만 감독관들은 채찍을 휘두르고 총으로 위협할 뿐이었다. 무엇보다 하소연할 곳이 없다는 게 가장 서러웠다. 지금이라면 대사관에 호소라도 할 것이고, 그러면 한국 외교부에서 미국 정부에 항의하여 문제를 해결해 줄 것이다. 그러나 이때 우리는 하소연할 대사관이 없었다. 나라가 망했기 때문이다.

1914년 하와이 아후마누 농장에서 독립전쟁에 참여할 군인을 양성하기 위하여 창설한 국민군단의 단원들(왼쪽, ©국사편찬위원회)과 멕시코 에네켄 농장의 한인 노동자들.

당시 우리 교포들은 국적상 일본인이었다. 그래서 할 수 없이 일본 대사관에 하소연하는 사람들도 있었던 모양이다. 하지만 그것도 별 소용이 없었다. 하와이는 노동력이 필요했고, 일본은 당시 미국의 친구였다. 식민지 백성의 억울함을 풀어 주려고 국익을 해치면서까지 미국과 불편한 관계를 맺을 이유가 그들에게는 없었다.

나라가 없다는 게 어떤 것인지 뼈저리게 느낀 교포들은, 미국에서 활동하던 독립운동가 이승만·안창호·시재필 등에게 독립운동 자금을 모아 주었다. 그 돈이 어떤 돈인가? 농장에서 노예처럼 일해 겨우 번 돈이었다. 조선으로 돌아갈 날을 꿈꾸며, 뱃삯을 마련하려고 하루 두 끼만 먹고 구멍 난 옷으로 근근이 버티면서 1, 2년 동안 악착같이 모은 돈이었다.

돈이 차곡차곡 모아질 무렵 독립운동가들이 독립 자금을 모금한다는 소식이 들리면, 그들은 그렇게 모은 돈을 덜컥 내놓았다. 하와이를

대한독립운동비 제1차 의연금으로 25원을 출연하였음을 증명하는 대한민국 하와이 지방총회장 명의의 의연금 증서와, 이승만·김규식 명의로 발급된 금화 50원의 채무를 증명하는 공채표. ⓒ국사편찬위원회.

떠나더라도 돌아갈 나라가 있어야 하니까. 그러고 나서 또다시 돈을 모았다. 그렇게 모은 피땀 어린 돈이 있었기에 우리 임시정부와 해외 독립운동가들이 그나마 밥이라도 먹고 투쟁할 수 있었던 것이다.

죽음의 열차에 버려지다

한편 '카레이스키'(고려인)라고 불린 연해주 교포들은 처음에는 미주 교포들보다 형편이 나았다. 러시아는 땅덩어리에 비해 인구가 너무 적어서 원시 상태나 다름없이 남겨진 연해주를 개발하려고 이주민들을 적극적으로 받아들였다. 연해주는 러시아 정부의 영향력이 거의 미치지 않고 일본 군대도 들어올 수 없어서 독립운동을 하기 좋은 조건이었다. 그래서 많은 사람들이 이주했고, 10년대까지는 어려워도 그럭저럭 독립운동도 하고 농사도 지으면서 살아갈 수 있었다. 다만 총으로 무장하고 약탈을 일삼는 떼도둑 정도가 골칫거리였다.

하지만 20년대부터 조금씩 각박해지기 시작했다. 민족을 부정하는 소련 사회주의 정권이 들어서면서 독립운동은 물론이고 아이들에게 한국어를 가르치고 민족의식을 심어 주는 것조차 거의 불가능해졌다. 30년대에는 상황이 더 나빠졌다. 소련 지도자 스탈린은 일본과의 국경 지대인 연해주에 일본인들(실제로는 카레이스키)이 모여 사는 것을 불안하게 여겼다. 카레이스키들이 반란이라도 일으키면 극동의 유일한 부동항인 블라디보스토크가 위험해질 수 있다고 걱정한 것이다. 스탈린은 연해주 교포들을 중앙아시아로 강제 이주시키라고 명령했다.

어느 날 갑자기 소련군이 들이닥치더니 무조건 짐을 꾸려서 기차를 타라고 지시했다. 어디로 가는지, 얼마나 가야 하는지 알려 주지도 않았다. 연해주 교포 중에는 공산당원들이 많아서 일단 당의 명령에 순종하였다. 카레이스키들은 간단하게 짐을 꾸리고 기차역으로 가서 지정된 열차에 올라탔다. 그들이 탄 열차는 화물열차였다. 카레이스키들은 영하 20~30도까지 떨어지는 한겨울에, 난방도 안 되고 화장실도 없는 화물열차에 짐짝처럼 실렸다. 사람을 얼마나 많이 태웠는지 앉아 있기도 불편할 지경이었다. 서로의 체온과 옷가지·이불 등으로 얼어 죽는 것만 겨우 면할 뿐이었다. 임시로 구석에 용변을 보도록 만들어 놓아 화물열차는 악취와 추위가 뒤범벅된 말 그대로 '지옥 열차'가 되었다.

시간이 흐르면서 상황은 점점 더 심각해졌다. 물과 식량이 부족해 사람들은 갈증과 배고픔에 허덕이기 시작했다. 얼마를 그렇게 달렸을까? 열차가 연료를 보급하려고 잠시 정차했다. 하지만 사람들이 도망칠까 우려하여 역과 역 사이 무인 지대에 열차를 세우는 바람에, 기차에서 내린 사람들은 주변에 쌓인 눈을 퍼먹으며 갈증을 해결할 수밖에 없었다. 운 좋게 약간의 식량을 구한 이들도 있었지만, 그 이상은 어림도 없었다. 항의하던 한인들은 끌려가거나 처형당했다.

다시 열차가 출발했다. 면역력이 약한 노인들부터 죽어 나가기 시작하더니 아이들도 하나둘 쓰러졌다. 어떤 열차는 절반 정도가 죽었다고 한다. '죽음의 여행'은 10일 이상 이어졌다. 그리고 마침내 열차가 중앙아시아에 도착했다.

하지만 진짜 고난은 그때부터 시작이었다. 소련 정부는 사람들을 황무지에 버렸다. 알아서 땅을 일구고 살아가라는 것이었다. 허허벌판에 내버려진 사람들은 야영을 할 수밖에 없었다. 첫날 밤 칠흑 같은 어둠 속에서 비명소리가 터져 나왔다. 늑대가 아이들을 물어간 것이다. 카레이스키들은 아이들과 여자들을 가운데로 몰아넣고 울타리

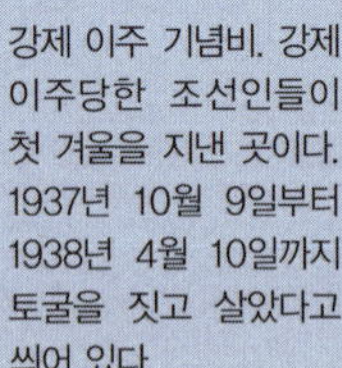
강제 이주 기념비. 강제 이주당한 조선인들이 첫 겨울을 지낸 곳이다. 1937년 10월 9일부터 1938년 4월 10일까지 토굴을 짓고 살았다고 씌어 있다.

162

를 만들어 밤새 늑대들의 습격에 대비했다.

일제강점기 우리 민족은 국적상 일본인이었지만, 일본이 돌보아 주지 않는 일본인이었다. 그렇게 끔찍하고 엄청난 일을 겪으며 35년을 보냈다. '나라가 무슨 소용이야. 까짓, 다른 나라에 가서 살면 되지. 이런 생각이 들 때면 70여 년 전 나라 없는 백성들이 받은 끔찍한 대우를 떠올려 볼 일이다.

강제 이주당한 카레이스키 중앙아시아 강제 이주 당시 사상자 수는 공식적으로 집계된 바 없다. 강제 이주 과정에서 처형당한 사람이 2,500여 명 정도라는 것 외에 전체 사상자 수는 모두 추정치일 뿐이다. 1937년 연해주 거주 교포가 25만~50만 명 사이라는 주장이 있고, 1939년 소련 거주 한인 교포가 17만여 명이라는 통계가 존재하니, 산술적으로 계산하면 최소 8만 명에서 최고 30만 명이 죽었다고 볼 수 있다. 물론 1937년 이전 소련 교포 인구 통계의 부정확성, 이주 과정에서 죽은 사람만 계산할 것인지, 아니면 중앙아시아에 정착하는 과정에서 죽은 사람까지 계산할 것인지에 따라 사상자 수는 달라질 것이다. 제대로 된 통계 자체가 없다는 게 더 심각한 문제이다.

28
김구가 예산에 온 이유
윤봉길

해방이 되었을 때 나의 아버지는 만 열세 살이었다. 세상 돌아가는 물정을 훤히 꿰뚫지는 못해도, 이승만이나 김구 같은 쟁쟁한 독립운동가의 이름 정도는 알 나이였다. 그 김구 선생이 해방 직후 아버지의 고향 예산을 방문했다고 한다. 김구가 온다는 소식을 들은 아버지는 설레는 가슴을 안고 그날을 손꼽아 기다렸다.

당시 예산은 궁벽한 시골이어서 김구 같은 유명 인사가 방문한다는 건 상상하기 어려운 일이었다. 그러니 아버지뿐 아니라 예산 전체가 들썩이며 모두 난리가 아니었던 모양이다. 얼마나 많은 사람들이

백범 김구 선생이 윤봉길 의사 사후인 1946년 4월 26일 충남 예산군 덕산면 시량리 윤봉길 의사 생가를 방문했을 때의 모습. 왼쪽부터 백범 김구 선생, 윤 의사의 부친인 윤황, 모친인 김원상, 부인인 배용순, 아들인 윤종 씨.

몰려들었는지, 먼 길을 달려온 아버지는 단상에서 멀리 떨어진 곳에 겨우 자리를 잡고 코딱지만 하게 김구 선생을 보았다고 한다. 김구 선생의 연설은, 대략 이런 내용이었다고 한다.

이 고을은 윤봉길의 고향이다. 윤봉길을 보고 천하에 대역무도한 사람이라고 하지만, 그는 임시정부의 의사로서 홍커우 공원에서 영웅적인 의거를 한 인물이다. 그의 의거가 없었다면 임시정부도 없었다. 그래서 윤봉길에게 감사의 뜻을 전하려고 이곳에 왔다.

어렸을 적 아버지께 이 이야기를 들었을 때는, 김구 선생이 직접 내려와서 감사 인사를 한 걸 보니 윤봉길이 정말 대단한 사람이구나라고 생각하고 말았다. 그런데 알고 보니 김구 선생이 예산까지 내려온 데에는 그럴 만한 이유가 있었다.

차도 밑에 묻힌 윤봉길

20년대 임시정부는 독립운동 노선을 둘러싼 갈등이 불거지면서 여러 파로 분열되는 바람에 도저히 정부라 할 수 없을 정도로 처참한 시간을 보냈다. 이러한 난국을 타개하고 민족의 독립 의지를 고취시키고자 임시정부는 애국단을 조직하고 의열 활동을 펼쳤다. 윤봉길 의사는 바로 그 애국단의 일원으로서 의거를 결행하였다.

그런데 잘 알다시피 윤봉길 의사가 도시락 폭탄을 던져 일본 대장 시라카와를 죽인 곳은 '훙커우 공원'이었다. 공원은 어른뿐만 아니라 어린이들도 와서 노는 곳이다. 특히 윤봉길 의사가 거사를 일으킨 날은, 상하이사변에서 일본이 승전한 것을 기념하는 행사와 함께 천황

거사를 3일 앞두고 애국단 단장 김구와 함께 기념 촬영한 윤봉길 의사. 오른쪽은 윤봉길 의사가 거사에 앞서 김구 앞에서 자필로 쓴 선서문이다.(보물 제568)

의 생일 축하 행사가 함께 열려 민간인들이 많았다. 그런 곳에서 폭탄을 터뜨렸으니 세상이 발칵 뒤집어지지 않을 수 없었다.

일본은 윤봉길 의사의 의거를 파렴치하고 용납할 수 없는 테러 행위로 규정했다. 아이들이 뛰어노는 순수 민간인 행사에 폭탄을 투척한 흉악무도한 범죄자라고 선전하며 비난을 퍼부었다. 일본이 이처럼 길길이 날뛰니 국제사회에서도 뭐라 하기 어려운 상황이었다. 윤봉길 의사는 일방적으로 매도당할 수밖에 없었다. 그는 모진 고문 끝에 사형 판결을 받고 처형당했으며, 그 시신도 정상적으로 매장되지 못하고 차도 밑에 묻혔다. 흉악한 테러리스트는 죽어서도 차바퀴에 밟혀야 한다는 것이었다.

그들을 기억한다는 것

시골 마을 예산에서는 일본의 일방적인 선전을 받아들일 수밖에 없었다. 일제는 불에 덴 맹수처럼 윤봉길의 고향을 닦달했다. 예산 윤씨 집안에서 엄청나게 흉악한 인물이 나와 큰 죄를 저질렀다는 식이었다. 예산 사람들은 별 수 없이 윤씨 족보에서 윤봉길의 이름을 삭제하고 윤봉길을 입에 올리면 엄하게 혼을 냈다.

김구 선생은 윤봉길의 마지막을 누구보다 잘 아는 사람이었다. 거사 당일 작별 인사를 나누며 윤봉길은 자기 시계를 꺼내 김구에게 건넸다. 윤봉길은 "이 시계는 어제 6원을 주고 산 시계인데, 선생님 시계는 2원짜리니 저하고 바꿉시다. 제 시계는 앞으로 한 시간밖에는 쓸 데가 없으니까요."라고 말했다. 김구 선생은 윤봉길의 시계를 받

윤봉길 의사 유해 귀국. 윤봉길 의사의 유해는 해방 직후인 1946년 5월 봉환되어 장례식을 치른 뒤
효창공원에 묻혔다.

으며 눈물을 흘렸다. 그 윤봉길이 차도 밑에 매장당한 것도 서러운데
고향에서 흉악범 취급을 받아서야 되겠는가.

김구 선생의 연설을 듣고 일제에게 속은 걸 깨달은 예산 사람들은
부랴부랴 윤봉길을 다시 족보에 올리고 추모 사업을 벌였다. 그리고
이렇게 자랑스러운 인물이 우리 고을에서 나왔다고 자손들에게 이야
기해 주었다고 한다. 아버지가 내게 김구 선생 이야기를 해 주신 것
도 그런 이유 때문일 것이다.

자기 자신을 던져 독립운동에 헌신했던 분들 중에 이름조차 알려
지지 않은 분들이 얼마나 많을 것이며, 행적이 잘못 알려진 분들은
또 얼마나 많겠는가. 수많은 독립운동가들이 일제와 싸우다 죽어 갔

지만, 그들 중 일부는 아직도 강도·협박·방화·살인·좌익의 죄목
을 쓴 채로 남아 있다. 또한 일본이 만주에서 활약하던 독립군을 '마
적'이나 '비적'으로 부른 탓에 지금도 마적과 독립군을 구분하지 못
하는 경우가 종종 있다. 훈장을 드리지는 못할 망정 누명을 씌워서야
되겠는가. 이런 것을 바로잡는 것이야말로 후손의 도리가 아닐까.

29

잊혀진 독립군의 전설
양세봉

교과서 속 한 줄 역사　1931년 만주사변이 일어나 만주가 일제 지배 하에 들어가자 북만주에서는 지청천이 한국독립군을, 남만주에서는 양세봉이 조선혁명군을 만들어 활동했다. 이들은 중국 의용군과 연합하여 독립전쟁을 전개하였다.

일제강점기 대표적인 독립군 대장이라면 누굴 꼽을 수 있을까? 20년대를 대표하는 장군으로 김좌진과 홍범도를 꼽는 데 이의를 달 사람은 없을 것이다. 그러나 김좌진은 1929년에 죽었고, 홍범도는 연해주 지역에서 발이 묶인 뒤 별다른 활동을 펼치지 못했다. 그렇다면 30년대에 유명한 독립군 대장으로는 누가 있을까? 전설적인 장군들이 여럿 있지만, 조선혁명군을 지휘한 양세봉梁世奉 장군과 한국독립군을 지휘하다 훗날 임시정부 광복군 사령관이 된 지청천池青天 장군을 꼽을 수 있다. 그중에서도 특히 많은 전설을 남긴 사람이 양세봉 장군이다.

조선혁명군 신화의 주인공

1896년생인 양세봉 장군은 20대 때부터 독립군으로 활약했다. 그는 1919년 국내에서 조직된 천마산대에서 활동하다가, 20년대에는 광복군 총영·정의부 등에서 활약한 정통 독립군이자 야전 지휘관이었다. 당시 정의부·참의부·신민부로 갈라져 있던 만주 지역 독립군은, 20년대 후반 만주와 중국 지역에 분립되어 있던 독립운동 단체들을 하나로 통합하자는 '민족 유일당 운동'이 일어나면서 국민부로 통합되었다. 하지만 좌익과 함께 할 수 없다며 우익 일부가 뛰쳐나가 혁신의회를 만들면서 만주 지역 독립군은 다시 둘로 나뉘었다. 이후 국민부는 행정과 군사를 나누어 조선혁명당과 조선혁명군을 만들었는데, 양세봉이 바로 조선혁명군 사령관을 맡았다.

1931년 일본이 만주를 점령한 뒤 조선혁명군은 중국 군대와 협력하여 '영릉가성 전투' '흥경성 전투'에서 대승을 거두는 등 혁혁한 전과를 올리며 일본의 남만주 지배에

《동아일보》 1933년 1월 26일자 기사. 국민부의 양세봉 등이 일제 관동군을 토벌할 것을 결의하였다는 소식을 전하고 있다.

상당한 고통을 주었다. 그러나 1934년 일본이 대규모 토벌 작전을 벌이면서 조선혁명군과 중국군 연합은 와해되고 말았다. 그때부터 양세봉 장군은 독자적으로 유격전을 펼치며 일본군을 괴롭혔고, 이 과정에서 수많은 전설을 남겼다.

당시 조선혁명군은 대장과 병사들이 함께 먹고 함께 자며, 일반 주민들에게 민폐를 끼치지 않는 전통을 갖고 있었다. 일본군은 그것이 백성들을 현혹하려는 좌익 게릴라들의 선전이라고 주장했다. 극심한 굶주림에 시달리면서 어떻게 대장과 병사가 같이 먹을 수 있느냐, 그럼 대장도 굶는다는 소리냐, 군대의 조직 특성상 절대로 불가능한 이야기라는 것이었다. 또한 일반 백성들에게 민폐를 끼치지 않는 것도 거짓말이라고 했다. 백성들에게 빼앗지 않고서 어떻게 먹을 것을 구할 수 있느냐는 것이다.

일본은 엄청난 현상금을 걸고 수많은 병력을 동원하여 양세봉을 추격했다. 결국 양세봉은 1934년 8월 일본 밀정의 함정에 빠져 총상

만주사변 1931년 일본은 만주를 침략하여 5일 만에 점령하고, 청나라 마지막 황제 부의를 내세워 이름만 독립국가이고 실제로는 일본 식민지인 만주국을 건설하였다. 국제사회는 만주사변을 규탄하고 일본의 철수를 요구했지만, 일본은 오히려 국제적 고립을 선택하였다. 이 사건을 계기로 일본은 우방이었던 미국과 점점 관계가 소원해졌고, 만주 지역 한중 연합군의 저항에 시달리게 되었다. 하지만 일본 군부 세력은 오히려 힘을 더욱 확대하여 이후 중일전쟁, 태평양전쟁을 일으켰다.

을 입고 목숨을 잃었다. 이때 장군의 부
관들이 그를 몰래 가매장하고 떠났는
데, 일본은 그의 죽음을 믿지 않는 사람
들에게 증거를 보여 주려고 엄청난 공
을 들여 그의 시신을 찾았고, 마침내 무
덤에서 시신을 파내 목을 잘라 거리에
효수했다. 일본군은 이렇게 한 것도 모
자라 조선혁명군의 주장이 사실인지

조선혁명군 사령관으로 이름을 떨
친 양세봉 장군.

확인해 보려고 양세봉의 시신을 해부해 보았다고 한다. 그런데 진짜
로 양세봉 장군의 위장에서는 거친 풀죽만 나왔다. 부하들과 함께 풀
죽을 쑤어 먹었다는 소문이 사실이었던 것이다. 이후 양세봉 장군의
시신은 유족이 수습하여 만주에 매장하였다. 그 뒤에도 위대한 장군
양세봉의 이야기는 길이길이 전해졌다.

복원해야 할 독립군의 역사

해방 후 북한의 김일성은 양세봉 장군의 시신을 평양 혁명열사릉
에 안장시켰다. 김일성은 자신이 어릴 때 양세봉에게 도움을 받은 적
이 있고, 1932년에는 독립운동의 방향을 놓고 함께 논의하는 등 그와
친밀한 관계였다고 주장했다.

남한에서도 그를 위대한 독립군 대장으로 추앙하며 1962년 독립훈
장을 추서하고, 1974년에는 국립묘지 현충원에 묘소를 만들었다. 그
래서 양세봉 장군의 무덤은 남북한 국립묘지에 모두 존재한다.

중국 랴오닝성 신빈현 조선족 학교에 있는 양세봉 장군의 흉상. 조선혁명군은 1932년 중국군과 연합하여 신빈현 영릉가를 공격하여 일본·만주군 80여 명을 섬멸하고 점령하였다.

한 가지 아쉬운 점은, 남한에서 양세봉 장군의 이름과 업적이 그리 널리 알려지지 않았다는 사실이다. 교과서나 역사서에서 그의 활동이 거의 다뤄지지 않았고, 나 또한 학생들에게 근현대사를 가르치면서 비로소 양세봉 장군을 주목하기 시작했다.

이렇게 된 이유는 크게 두 가지다. 우선 30년대 독립군 활동에 별로 주목하지 않은 때문이고, 또 하나는 양세봉에 대한 오해 때문이다. 북한이 양세봉을 높이 기리다 보니 친북적, 좌익적 인물로 비춰진 것이다. 하지만 양세봉은 친북도 좌익도 아니었다. 그는 30년대 민족주의를 대표하는 독립군 대장이었고, 김일성과 함께 활동하지도 않았다. 그럼에도 단지 북한에서 그를 주목한다는 이유만으로 그에게 친북 좌익 낙인이 찍힌 것은 안타까운 일이다.

김좌진의 죽음을 민족주의 독립군의 최후로 이해하는, 지나친 김좌진 중심의 독립군 이해도 아쉬운 대목이다. 김좌진이 위대한 장군인 것은 틀림없는 사실이지만, 그에 비해 30년대 조선혁명군이나 40년대 광복군의 활약이 너무 저평가되고 있는 것은 매우 안타깝다. 30, 40년대 독립운동은 우리 역사에서 매우 중요한 부분이다. 독립의

1940년 9월 중국 충칭에서 열린 한국광복군 창립식. 가운데 앉은 이가 김구 주석이고 그 왼편의 안경 쓴 이가 지청천 광복군 총사령관이다. 광복군은 상하이 임시정부의 군대이다. 김구는 광복군 안에 특수부대를 만들어 국내 진공 작전을 펼치려고 준비하고 있었다.

원인을 일제 패망의 결과로만 볼 것인지, 우리 독립운동의 성과로도 볼 수 있는지에 따라 이후 역사에 대한 평가가 달라지기 때문이다.

분단과 이데올로기 대립 속에서 30, 40년대 독립군의 역사가 묻혀 버리면서, 반공 이데올로기 속에서 공부한 사람들에게 양세봉은 생소하고 낯선 인물이 되었다. 김좌진은 알고 양세봉은 모르는 불균형, 이런 것이 깨어져야 우리는 조금 더 통일에 다가서게 될 것이다. 최근 교과서에서 30, 40년대 독립군에 대한 서술이 많아지고 있어 그나마 다행이다.

30

'한별 장군'의 미스터리

김일성

교과서 속 한 줄 역사　1931년부터 만주 지역 좌익 활동가들은 중국 공산당과 함께 동북인민혁명군을 결성하여 일본과 싸웠다. 이후 동북항일연군으로 개편하고 조국광복회를 건설했지만 일본의 토벌 작전으로 큰 타격을 입었다. 그중 일부는 소련으로 들어갔다가 해방 이후 소련과 함께 북한으로 들어왔다.

1937년 6월 5일, 동아일보사에서 호외를 발행했다. 내용은 함경남도 보천보 지방에 비적떼 200여 명이 나타나 우체국 등 공공기관에 불을 지르고 달아났으며, 일본군이 그 두목인 김일성이란 자를 잡으려고 토벌대를 보냈다는 것이었다. 조선 땅에 몇 백 명 규모의 비적떼가 출몰한 것은 1920년 이후 거의 한 세대 만의 일이었다. '비적'이란 만주 땅에서 활동하는 마적馬賊·중국 공산당·한국 독립군을 통칭하는 표현이지만, 대개 우리 독립군을 가리키는 말이었으니 온 나라가 발칵 뒤집어졌다. 사람들의 관심은 대장 김일성이라는 자에게 집중되었다.

보천보 전투 소식을 전하는 《동아일보》 호외. 함남 보천보 우편소에 200여 명이 습격하여 방화를 저질렀으며, 주모자는 김일성 일파로 밝혀졌다고 전하고 있다.

김일성을 찾아라

모두 김일성이 누군지 궁금해 했으나, 일본이 눈독을 들이는 일급 수배자라서 정체를 파악하기 어려웠다. 궁금증이 커지고 사람들의 상상력이 발휘되면서, 김일성은 거의 홍길동 같은 인물로 각색되었다. 훗날 조만식曹晩植 선생이 북한의 김일성을 보고 "나는 김일성이 수염이 허연 노인인 줄 알았다."라고 말한 게 농담이 아니었다.

소문이 꼬리를 물고 퍼져 가고 있을 무렵, 세 가지 소식이 전해졌다. 우선 한 잡지에서 김일성의 정체를 밝힌 특종을 잡았다며 보도했는데, 그에 따르면 김일성은 평양 출신의 20대 중반 청년이라고 했다. 아버지는 한의사였는데 일찍 죽었고, 어머니와 동생이 있으며 점잖고 목소리가 좋은 청년이라고 했다. 이어 또 다른 잡지에서도 만주발 특종으로 김일성은 40대 중반의 독립군 대장이며 남부 지방 출신인데, 보천보 습격을 지휘하고 만주로 돌아오다가 일본군에게 사살

1945년 10월 14일 평양시에서 열린 대중 집회에서 연설하는 김일성. 김일성은 소련 군사령부에서 환영대회를 개최할 때 처음으로 모습을 드러냈다.

당했다고 전했다. 일본의 공식 발표도 나왔다. 일본 육군은 보천보를 습격한 비적떼를 추격하여 일망타진했으며 대장 김일성도 사살했다고 발표했다.

하지만 김일성 전설은 사라지지 않았다. 김일성의 부하를 사칭하는 도둑이 곳곳에서 잡힐 정도로 인기가 좋았다. 그래서 해방 뒤 1945년 김일성이 처음 평양에서 나타났을 때 굉장한 환영 인파가 몰려들었던 것이다.

보천보 전투의 실체

하지만 남한 역사학계에서는 보천보 전투의 주인공이 북한의 김일성이라는 주장에 의문을 제기한다. (보천보 전투의 주인공은 1887년생인 김광서 장군이라는 견해도 있다.) '김일성'이란 인물에 대한 역사적 해명이 어려운 이유는 두 가지다. 우선 당시 '김일성'이라는 이름 자

178

체가 흔했다. '일성—星'은 우리말로 하면 '한별'이다. 그래서 북한의 김일성도 '한별 장군'이라 불렸다고 하는데, 그 시절 '한별'이란 가명이나 애칭을 쓴 사람이 한둘이 아니었다. 이 중 누가 보천보 전투를 지휘했는지 확인할 길이 없다.

또 다른 논쟁거리는 좀 더 근본적인 의문을 제기한다. 보천보 전투 자체가 북한 정권에 의해 과장되었으므로, 지휘자의 정체는 그다지 중요한 문제가 아니라는 것이다. 즉, 논쟁의 핵심은 '보천보 전투' 그 자체이지 지휘관이 아니며, 만약 보천보 전투의 성과가 과장되었다면 그 주인공을 찾는 작업은 큰 의미가 없다. 국경 지방에서 불을 지르고 도망간 사람의 정체를 정색하며 파헤칠 이유가 없지 않겠는가.

사실 김일성을 둘러싼 논쟁 자체가 분단의 상처를 고스란히 드러낸다. 북한이 우리의 적인 한, 그쪽 사람들의 사소한 주장 하나도 그냥 넘어가기 힘든 것이다. 아마 통일이 되고 나면 김일성이 보천보 전투의 주인공인지의 문제보다는, 그가 북한 수령으로서 무얼 했는지가 더 많이 얘기될 것이다. 김일성에 대한 역사적 평가의 핵심은 바로 그것이기 때문이다.

북한 양강도에 있는 보천보 전투 승리 기념탑. 북한에서는 보천보 전투를 김일성의 항일무장 투쟁사 중 가장 큰 업적으로 여기고 있다.

31

폭력배의 탄생
김두한·하야시

폭력을 동원하여 행패를 부리고 못된 짓을 일삼는 무리를 일컬어 '깡패'라고 한다. '깡패'라는 말은 50년대부터 쓰이기 시작했으며, 이전에는 마땅한 호칭이 없어서 '왈패'나 '폭한'이라고 불렀다. 이들은 오늘날의 조직폭력배보다는 소박한, 그저 돈이나 좀 받고 힘을 쓰는 거리의 불량배에 가까웠다. 조선시대에 '조폭' 같은 무리가 출현하지 않은 것은 경제적 이유 때문일 것이다. 폭력배란 누군가에게 돈을 뜯어먹고 사는 사람들인데, 당시 남에게 뺏길 만한 재산을 가진 사람은 양반 권세가들뿐이었으니 말이다.

혼마치패 vs 종로패

폭력배 무리들은 20~30년대 무렵부터 경성 번화가에서 나타나기 시작했다. 경성 중심가에 대형 상업 지구가 생겨나고 번화가가 조성되면서 폭력배들이 기생할 환경이 마련된 것이다. 일제강점기 폭력배는 일본에서 건너온 야쿠자에서 시작되었다. 일본 야쿠자가 재일 교포 선우영빈, 곧 하야시를 보내 서울을 관리하도록 했다. 하야시는 부하들을 거느리고 일본인 상점이 밀집한 충무로 일대, 당시 혼마치 本町라 부르던 곳에 정착했다. 이들을 '혼마치패'라고 부른다.

번화가인 충무로(혼마치)·을지로(황금정)·명동 일대를 혼마치패가 접수하자, 조선에서 주먹깨나 쓴다는 이들은 외곽 변두리로 밀려났다. 조선 주먹패는 청계천 주변에 자리 잡은 조선 영세 상인들의 돈을 뜯으며 겨우 생활을 이어 갔다. 이들은 돈이 없어서 각자 소규모 패거리를 몰고 다녔다. 그중 유명한 이들이 '구마적', '신마적' 등이다.

이렇게 형성된 조선 주먹패 판도는 30년대 중반에 커다란 변화를 겪는다. 사건의 무대는 지금의 청계천 2가 광교 근처에 자리 잡고 있던 '우미관'이라는 영화관이있다. 우미관 사장이 영화관을 주변 폭력배들로부터 지키려고 서커스단 출신인 '니또류 무사시', 일명 '쌍칼'을 주먹으로 고용했다. 쌍칼은 우미관 주변 주먹들과 계속 마찰을 일으켰다. 이때 약관 18세의 김두한이 나타나 쌍칼을 물리치며 일약 스타로 떠올랐다. 김두한은 내친김에 조선 주먹계를 평정하고 하나로 통일해 버렸다. 1935년의 일이다. 이로써 하야시가 이끄는 혼마치패와 김두한이 이끄는 종로패의 대결이 시작되면서 본격적인 '주먹의

경성의 메인 스트리트였던 본정(충무로, 위)과 황금정(을지로) 거리 풍경.

시대'가 열렸다.

위기에 처한 조선 주먹계

김두한은 스스로 '협객'을 자처했지만, 당시 사람들은 그의 무리를 '폭한'이라 불렀다. 협객이든 폭한이든, 조선 주먹계의 두목으로서 많은 부하들을 보살펴야 했던 김두한은, 하야시패가 장악하고 있던 혼마치가 필요했다. 청계천변의 영세한 조선 상인들을 털어서는 하루 세끼 밥 먹기도 힘들었고, 협객의 명분도 서지 않았다.

김두한패는 청계천을 경계로 하야시패와 여러 번 충돌했다. 수표교 혈투, 일본 유도 챔피언 마루오카와의 결투 등 드라마 〈야인시대〉와 영화 〈장군의 아들〉의 배경이 되는 사건들이 모두 이때 이야기들이다. 그러나 이 싸움은 애초에 상대가 되지 않았다. 경찰을 등에 업은 하야시패를, 경찰에게 끊임없이 쫓겨 다니는 김두한패가 이길 가능성은 처음부터 없었다. 더군다나 30년대는 일본이 전시체제로 돌입하면서 일본인들조차 숨 쉬기 어려울 정도로 가혹한 시대였다. 그런 상황에서 조선인 폭력배들이 활개를 치며 다닐 수는 없었다.

또한 김두한 주변에 하야시와 타협하라고 끊임없이 권하는 사람들이 많았다. 김두한의 정신적 스승인 박계주朴啓周도 그중 한 사람이었다. 박계주는 1937년 총독부 기관지인 《매일신보》에 〈순애보〉를 연재해 베스트셀러 작가로 떠올랐고, 1940년에는 친일 월간지 《삼천리》의 편집장을 지낸 열성적인 친일파였다.

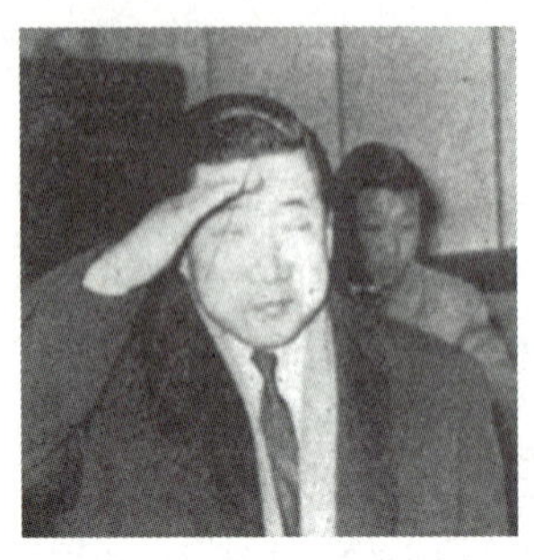

30년대 경성 거리를 주름잡았던 조선 주먹계의 거두 김두한.

"을지로 쪽에 자전거 보관소가 있었어. 그게 노른자위야. 그걸 두한이에게 줬어. 그리고 의형제가 된 거야. 응, 서로 아우 형님 했어."

하야시 밑에서 중간 보스로 일하며 김두한과 돈독한 우정을 나눴던 김동회의 증언이다. 그에 따르면, 김두한은 30년대 후반쯤 하야시와 타협했다. 을지로의 이권을 넘겨받으면서 하야시와 의형제를 맺은 것이다. 이로써 청계천에 봄이 왔다. 김두한의 오른팔이었던 '종로 꼬마' 김상옥의 증언이다.

"그 뒤로 경찰이 우리를 건드리지 않았어."

뿐만 아니라 마루오카와 하야시의 중재로 김두한은 일제 말기에 군대에도 끌려가지 않았다. 그렇게 김두한과 조선 주먹계는 마지막 위기를 넘겼다.

조폭은 무엇으로 사는가

김두한은 왜 하야시와 타협했을까? 주먹패의 생리란 게 원래 다 그런 것일까? 세계 3대 폭력 조직으로 꼽히는 미국 마피아, 일본 야쿠자, 중국 삼합회를 보면 폭력배의 생리를 알 수 있다. 일본 야쿠자의 창시자로 꼽히는 인물은 도오야마 미츠루이다. 몰락한 사무라이 출신인 그는 천황을 위해 움직이는 비밀 조직 흑룡회黑龍會를 만들고, 국가가 할 수 없는 범죄를 맡아서 결행하기로 결심했다. 이들이 기획한 대표적 사건이 바로 '명성황후 시해'이다. 이들은 일본이 만주와 중국을 침략할 때에도 앞장서서 비밀공작을 담당했다.

일제의 국익을 위해서 은밀한 공작이 필요한 시절, 어둠의 세계를 담당하던 자들이 바로 이들 '조폭'이었다. 당연히 이들은 국가권력의 비호를 받으며, 국가의 방조 속에 주먹질을 하며 살아갔다. 김두한이 상대한 폭력배가 바로 이런 엄청난 조직이었다. 비호해 줄 권력도 없이 오로지 주먹 하나만 믿고 그런 조직과 싸운다는 건 애초부터 무리였다.

이를 뒤집어 이야기하면, 일제강점기 조선 주먹은 애초에 존재할 수 없는 사람들이었다. 그들 스스로 협객을 자처한다 해도, 충성을 바칠 대상도 없고 비호해 줄 권력도 없다면, 아무리 발버둥쳐 본들 생존할 가능성이 없는 것이다. 일제강점기 김두한 신화는, 어찌 보면 믿을 게 아무것도 없었던 시내가 만들어 낸 판타지이기도 하다.

32
쇠가 없어 세균을 쏘다
태평양전쟁

교과서 속 한 줄 역사 일제는 30, 40년대 침략 전쟁을 벌이며 우리의 인적·물적 자원을 수탈하고자 총동원령을 내렸다. 남자들은 군인과 노동자로, 여자들은 노동자와 위안부로 끌고 갔으며, 심지어 밥그릇까지 공출해 갔다.

1941년 12월 7일 아침, 일본의 해군 비행기들이 미국 하와이 주의 오아후 섬 진주만에 있는 미군 기지를 기습 공격했다. 태평양전쟁의 개막을 알린 첫 전투, '진주만 습격'의 시작이었다. 이 전투를 지휘한 일본군 사령관은 야마모토 이소로쿠 제독이다. 그런데 정작 야마모토 제독은 미국과 전쟁을 벌이는 것을 결사적으로 반대하며, 다음과 같은 유명한 말을 남겼다고 한다.

"우리는 잠자는 사자를 깨웠다. 반드시 그 대가를 치르게 될 것이다."

야마모토 제독은 왜 이런 이야기를 했을까? 또한 그렇게 비관적이었음에도 왜 태평양전쟁 연합함대 사령관을 맡았을까?

대공황, 전쟁에 휩싸인 세계

1929년 경제 대공황으로 세계 경제는 동반 몰락했다. 미국에서 시작된 경제 위기는 독일·영국·프랑스 등 유럽 제국으로 파급되면서 전 세계를 불황의 늪에 빠뜨렸다. 이런 엄청난 위기에서 탈출하려면 인위적으로 시장과 경제체제를 재편하는 방법밖에 없다. 미국은 정부가 적극적으로 개입하여 취업, 생산, 소비를 활성화시키는 '뉴딜 정책'을 추진했다. 이런 방법이 가능하려면 풍부한 자원과 인구가 뒷받침되어야 한다. 영국이나 프랑스처럼 식민지가 많거나 미국과 러시아처럼 영토와 인구가 많은 나라는 가능하지만, 일본이나 독일처럼 영토도 좁고 식민지도 별로 없는 나라는 불가능한 방법이다. 이럴 때 살아남는 길은 남의 영토나 식민지를 빼앗는 것, 즉 전쟁뿐이다.

일본은 1931년 만주를 침략한 데 이어 1937년에는 중국 본토를 침략했다. 미국 등 국제사회의 비난이 쏟아졌지만, 이미 일본은 멈출

뉴딜 정책　미국 루스벨트 대통령이 추진한 경제정책을 말한다. 루스벨트는 우선 실업자 문제를 해결하고자 댐 건설 등 대규모 토목공사를 진행하여 건설직 일자리를 만들고 청년들을 반강제로 취업시켰다. 또 각종 경제 및 금융 관련 법을 만들어 경제 전반에 대한 정부의 통제를 강화하였다. 보수파들은 이를 사회주의 정책이라며 반발했지만, 결과적으로 대공황 탈출에 성공함으로써 이후 세계 경제에 큰 영감을 주었다.

1941년 12월 7일 일본군의 기습 공격으로 불타고 있는 미 전함 캘리포니아 호. 일제는 태평양전쟁을 개시하면서 패망을 향해 달려갔다.

수 없는 폭주 기관차였다. 일본 국내의 저항은 강력한 군사독재로 억압했다. 천황을 중심으로 한 절대적 독재 체제, 군국주의의 시대가 도래한 것이다.

미국은 호주, 영국, 네덜란드 등 일본 주변에 영토나 식민지가 있는 나라들과 함께 일본을 강하게 압박하기 시작했다. 일본이 더 이상 팽창하면 미국도 위험해질 수 있었다. 마침내 1941년 미국은 일본에 최후통첩을 했다. 일본은 선택의 여지가 없다고 판단했다. 경제를 회복시키고 국력을 키우려면 더 많은 인구와 자원이 필요했다. 일본은 결국 미국과의 전쟁을 선택했고, 그렇게 '태평양전쟁'이 시작되었다.

일본의 위험한 선택

일본은 부족한 자원 문제를 기술과 전략으로 해결하려 했다. 함상 전투기인 '0식 전투기Zero Fighter'와 세계 최대의 초대형 전함인 '야마토 전함' 등 우수한 군함과 전투기, 그리고 진주만 습격 같은 기습 전략을 활용해 단기간에 전쟁을 끝내고자 했다. 그러나 이러한 소망은 반년 만에 깨지고 말았다. 1942년 6월 미드웨이 해전에서 미군의 역습을 받아 일본 해군은 많은 전함을 잃었다. 일본군은 전함을 잃어도 다시 보충할 철이 없었다. 공격할 수단이 없으니 수비만 할 수밖에.

1942년 여름을 기점으로 일본은 미국 등 연합군의 공격에 맞서 버티는 전략으로 전환했다. 하지만 무한대로 퍼붓는 중국과 미국의 인적·물적 공격을 당해 낼 수 없었다. 일본은 포탄과 총알을 만들려고 닥치는 대로 철을 거둬들였다. 밥그릇, 국그릇, 숟가락, 젓가락은 물론이고, 문 손잡이와 경첩까지 철이란 철은 모조리 나 압수해 갔나. 그래도 부족하자 생각해 낸 것이 바로 '터지지 않는 폭탄', 곧 '세균 폭탄'이었다.

일본은 만주에 비밀 부대인 '731부대'를 만들고, 이곳에서 납치하거나 체포해 온

1942년 일제의 놋그릇 공출. 전쟁이 계속되면서 무기를 만들 철이 필요해진 일제는 각 가정의 놋그릇까지 공출해 갔다.

중국인과 조선인을 대상으로 독성이 강한 전염병 세균을 실험·배양했다. 이렇게 만든 세균을 도자기에 넣고 공중에서 투하하거나 대포로 쏘아 적진에 떨어뜨려 적을 살상하려는 계획이었다.

일본은 이 세균전 실험에 수많은 선량한 사람들과 우리 독립운동가들을 희생시켰다. 그중에는 시인 윤동주도 있었다. 연희전문 문과를 졸업하고 1942년 일본으로 유학 간 윤동주는, 교토에서 대학을 다니던 중 독립운동 관련 비밀 조직에서 활동했다는 혐의로 체포되어 징역 2년형을 선고받고 후쿠오카 형무소에 수감되었다. 그는 1년 뒤 그곳에서 원인 불명의 사인으로 29세의 짧은 생을 마감했는데, 시신을 수습하러 간 가족들이 감옥에서 정체불명의 주사를 놓아 윤동주가 사망했다는 증언을 들었다. 윤동주의 죽음이 '생체 실험' 때문이라는 의혹을 갖게 하는 대목이다.

일본은 전쟁에서 승리하고자 전 인류의 생명을 위협할 수도 있는 엄청난 일을 자행했다. 이처럼 세균 폭탄에 자살 공격까지 감행하며 버티던 일본은 1945년 8월 15일 마침내 항복을 선언했다. 그럼에도 아직까지 "우리도 당시 세계 정세의 피해자"라고 주장하니, 참으로 뻔뻔스러운 일이 아닐 수 없다.

33

천황×× 개××
창씨개명

'내 이름은 김삼순'이라는 드라마가 한때 큰 인기를 끈 적이 있다. 딱히 내세울 것 없는 평범한 여자가 멋지고 잘생긴 부잣집 남자를 만나 사랑을 키워 가는 내용인데, 그 과정에서 '삼순'이라는 촌스러운 이름 때문에 괴로워하던 여주인공의 이야기가 많은 이들의 공감을 얻었다.

이름은 곧 자신을 표현하는 이미지다. 그래서 부모들은 자식을 낳으면 이름을 짓느라 고민을 거듭하고 작명소를 찾기도 한다. 이름은 자존심이기도 하다. 학교에서 가끔 출석표나 좌석표에 이름을 잘못

기입하는 일이 생기면 한바탕 난리가 난다. 한번은 좌석표에 이름을 잘못 썼다가 한 달 넘게 인사도 안 하는 여학생 때문에 애를 먹은 적도 있다.

모욕감에 치를 떨다

이렇게 자기 자신과 떼려야 뗄 수 없는 이름을 강제로 바꾸게 한다면 어떨까? 평생 나의 정체성의 일부로 여기며 소중하게 여긴 이름을 누군가 마음대로 바꾸어 버린다면 그것만큼 자존심 상하는 일이 또 있을까? 하물며 애완동물의 이름도 한번 정해 주면 잘 바꾸지 않는데 말이다. 일제 말기 창씨개명은 이처럼 모욕적인 사태였다. 그것도 일 개인에게 강요한 것이 아니라 민족 전체에 강요한 일이었다.

물론 이광수처럼 그것을 '영광스럽게' 받아들인 친일파들도 있었다. 그들은 창씨개명을 주인의 애정 표현으로 여겼을지 모르지만, 대다수 조선인들은 그렇지 않았다. 많은 사람들이 어쩔 수 없이 일본식 이름으로 개명하면서 모욕감에 치를 떨며 밤잠을 설쳤다. 바꾸지 않고 끝까지 버티는 사람들도 상당히 많았다. 개명을 설득하러 온 공무원에게 "내가 개냐?"며 소리 지르고 삿대질하며 대들기도 했다. 조선 민족을 말살하는 핵심 정책이 사람들의 저항으로 벽에 부딪히자, 일제는 강하게 압박하라고 지시했다. 다음은 총독부가 창씨개명을 위해 내린 지침이다.

1. 창씨하지 않은 사람의 자제들은 입학 및 진학을 거부한다.

1940년 창씨개명 신청서를 제출하려고 경성부청 호적과에 줄을 선 시민들.

2. 창씨하지 않은 아동에 대해 일본인 교사는 이유 없이 구타한다.

3. 창씨하지 않은 사람은 총독부 관계 기관(즉, 관공서)에서 일체 채용하지 않는다.

4. 창씨하지 않은 사람은 경찰이 감시하고 징용 대상에 우선적으로 올리며, 식량 등 물자 보급 대상에서 제외한다.

이름을 되찾는다는 것

소신을 지키고자 내 목숨은 버릴 수 있지만, 자식의 삶을 망칠 수는 없다. 그것이 부모의 마음이다. 아이들이 학교에서 선생에게 두들겨 맞고, 상급 학교로 진학하지 못하며, 평생 취직도 못할 판인데 자기 이름에 연연할 부모가 어디 있겠는가? 하지만 쥐도 밟으면 찍소리는 내는 법이다. 개돼지만도 못한 취급을 받는데 입 다물고 조용히 있을 수만은 없다. 한 중년 사내가 사무소에 가서 창씨개명을 신청했다.

"아, 이제 오셨군요. 잘 생각하셨습니다. 지난 일은 모두 잊고, 대일본 제국의 황국신민으로 앞으로 잘 지냅시다. 근데 이름을 뭘로 바꾸셨는지?"
"황자구자요."
"아, 황자구자요. 한자로는 어떻게 되는지……."
"皇子狗子"

순간 직원의 얼굴이 흙빛이 되었다. '천황 황皇, 새끼 자子, 개 구狗, 새끼 자子', 곧 '천황새끼 개새끼'라는 뜻이었다.

"저놈 잡아라!"

사무소는 난리가 나고, 그 남자는 천황 모독죄로 즉각 체포되었다. 이런 사람이 한둘이 아니었다. 이름을 '구자狗子(개새끼)', '돈자豚子(돼지새끼)' 등으로 고친 사람이 수백, 수천 명에 달했다.

아프리카 사람 중에는 영어 이름을 가진 사람이 많다. 유명한 남아공의 대통령 만델라의 이름도 '넬슨'이다. 모두 식민지 시대의 잔재이다. 하지만 우리나라 사람들은 해방이 된 뒤 대부분 이름을 되찾았다. 물론 여자 이름의 경우 일본식 이름의 잔재인 '자' 자가 붙는 이름이 한동안 남아 있었지만, 그래도 성은 100퍼센트 회복하고 남자 이름도 거의 대부분 되돌렸다. 이름을 찾는 것은 곧 자존심을 회복하는 일이었기 때문이다.

34
외할머니가 걷지 못하게 된 사연
배급 경제

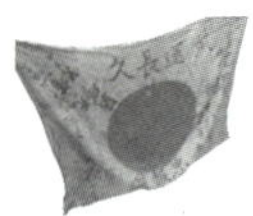

나의 외할머니는 걷지 못하셨다. 어릴 때 외가 댁이 바로 옆 동네
에 있어서 어머니와 함께 종종 들르곤 했는데, 그때마다 반갑게 맞아
주시던 외할머니와 외숙모의 모습이 지금도 생생하다. 외할아버지는
오래전에 돌아가셔서 큰외삼촌께서 여든이 넘은 외할머니를 모시고
사셨다. 할머니는 연세도 높으시고 몸도 불편하시다 보니 대부분의
시간을 안방에서 지내셨는데, 가끔 어머니와 외숙모가 마루에서 이
야기를 나누고 있으면 앉은 채 굳어 버린 다리를 끌고 나오시곤 했
다. 그때는 소아마비로 하반신이 마비된 사람이 많아서, 나는 당연히

외할머니도 소아마비려니 생각했다. 그런데 그 몸으로 어떻게 결혼을 해서 아이를 여럿 낳아 키우셨을까?

외할머니가 돌아가시고 나서 한참 뒤, 어머니가 불현듯 외할머니 이야기를 해 주셨다. 할머니께서 다리를 다치신 것은 왜정 말기, 그러니까 1940년대 일본이 2차 세계대전에 뛰어들면서 민족말살 통치를 자행할 때의 일이었다.

전쟁이 터지면 농촌에서 생산된 식량은 정부가 강제로 공출해 가서 군량미로 사용하고, 시장에서 식량을 매매하는 것도 금지된다. 식량이 모자라 사고팔 것도 없을 뿐 아니라, 식량을 사고팔게 하면 가난한 사람에게 돌아갈 몫이 없어지므로 군량미로 쓰고 남은 식량을 배급하는 '배급제 사회'가 되는 것이다. 하지만 전쟁 통에 식량 배급은 항상 부족할 수밖에 없고, 그래서 많은 사람들이 영양실조에 시달리다 목숨을 잃는다. 그나마 농촌은 몰래 식량을 빼돌릴 수 있지만, 도시 사람들은 식량이 부족하면 굶어 죽을 수밖에 없다.

서울에 살았던 외갓집도 당연히 늘 먹을 것이 부족했다. 그런데 전쟁이 질정에 지달을 무렵, 어린 외삼촌이 덜컥 쓰러졌나. 한창 자랄 나이인 아이들이 영양실조에 가장 취약한 법이다. 외할머니가 정성스레 간호했지만 외삼촌의 병세는 호전되지 않았다. 영양실조에는 오직 밥만이 약이었다. 쌀을 구하려고 백방으로 뛰어다니던 외할머니께 누군가 수원에 쌀을 몰래 사고파는 암시장이 열린다고 귀띔해 줬다. 외할머니는 모아 둔 돈을 전대에 넣고 홀로 수원행 기차에 올랐다. 자식을 위한 일이라면 지옥행이라도 마다 않는 것이 조선의 어

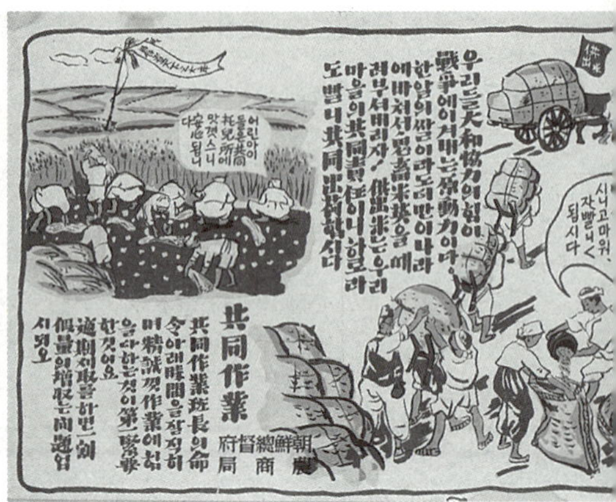

태평양전쟁이 가열되면서 일제는 강력한 통제 체제를 가동하고 모든 국민을 전쟁에 동원하였다. 전국적으로 학도병 출정식이 열리고(왼쪽) 후방의 국민들에게는 공출에 힘을 쏟으라고 종용했다. 오른쪽 그림은 조선총독부 농상국에서 제작한 것으로, 공동 작업과 공출을 장려하는 포스터이다. '한 알의 쌀이라도 더 바치자'고 선동하고 있다.

머니들 아닌가. 외할머니는 수원에 도착해서 수소문 끝에 겨우 쌀을 구했다. 돈을 다 털어 주고 빈 전대에 쌀을 채워 다시 허리에 찬 할머니는 서울행 기차에 몸을 실었다.

그런데 기차가 출발하고 얼마 뒤 헌병들이 승객들의 몸을 뒤지기 시작했다. 몰래 쌀을 사 가는 사람을 잡으려는 검문이었다. 헌병들이 사람들의 몸을 샅샅이 수색하는 걸 보고 외할머니는 눈앞이 캄캄해졌다. 잡혀 가는 게 무서워서가 아니었다. 아들 목숨이 걸린 귀중한 쌀을 빼앗길까 봐 두려웠다. 외할머니는 기차가 곡선 주로에 들어서면서 속도를 늦췄을 때 헌병의 눈을 피해 기차 밖으로 몸을 던졌다. 당시 기차는 속도가 매우 느렸기 때문에 커브를 돌 때는 뛰어내릴 만했다. 할머니는 땅에 떨어지면서 몇 바퀴 데굴데굴 굴렀지만 다행히 크게 다치지 않았고 헌병에게 들키지도 않았다. 할머니는 기차가 한참 멀어진 뒤 몸을 추스르고 일어나 서울을 향해 걷기 시작했다. 허리가 뻐근했지만 그래도 걸을 만했다. 수원에서 서울은 하루 종일 걸어도 부족한 먼 길이었다. 할머니는 그렇게 구해 온 쌀로 아들의 목숨을 구했다.

그 뒤에도 할머니는 닥치는 대로 일을 하며 대식구 살림을 꾸려 갔고, 왜정 말기 혹독한 시간 동안 식구들 목숨을 모두 보전하고 해방을 맞이했다. 그런데 시간이 갈수록 허리가 점점 아파왔다. 병원에 가야 했지만 해방 직후 혼란과 곧이어 터진 한국전쟁 와중에 그럴 엄두조차 내지 못했다.

자식들이 장성해서 결혼하고 독립할 무렵, 할머니는 결국 하반신이 마비되셨다. 아마도 기차에서 뛰어내릴 때 척추를 다친 모양이라고 추측만 할 뿐, 할머니는 당신에게 닥친 현실을 체념하고 받아들였다. 할머니는 말년을 그렇게 살다 돌아가셨다.

어머니도 연세가 들어 이런저런 병이 찾아오자 외할머니 생각이 더 절절하셨던 모양이다. 나의 어머니가 '마사코'란 이름으로 살아야

 전쟁이 터지면 시장이 마비되고 군량미 등 군수물자 생산에 치중하기 때문에 상대적으로 생활필수품의 생산이나 소비가 어려워진다. 그래서 생활필수품을 사고파는 것을 금지시키고 국가에서 일괄적으로 나눠 주는 배급제를 시행한다. 일제는 1937년부터 배급제를 추진하여 1940년에는 도시 지역에서 배급제를 실시했고, 1942년 이후에는 전국적으로 배급제를 확대하였다.

했던 시절, 부족한 배급으로 자식들을 돌보며 굶기지 않으려고 발을 동동 구르고 애태웠을 어머니가 어디 외할머니 한 분뿐이었겠는가. 식민지 백성들의 서러운 이야기는 하늘의 별만큼이나 많았을 것이다.

35
해방, 그날

교과서 속 한 줄 역사 1945년 8월 15일, 마침내 해방이 찾아왔다. 그것은 오랜 독립 투쟁의 대가였다. 그러나 우리 힘으로 독립을 이루어 내지 못해 자주적인 독립 정부 수립은 그만큼 어려워졌다.

1945년 8월 14일 저녁, 충칭 임시정부의 김구 선생에게 전화가 한 통 걸려 왔다.

"일본이 항복한답니다."

김구 선생은 억장이 무너지는 심정으로 고개를 떨구었다. 9월 국내 진공 작전을 펼쳐 우리 손으로 나라를 되찾겠다는 계획이 물거품이 되는 순간이었다. 외세에 의한 독립, 그것은 한 치 앞도 내다볼 수 없는 안개 정국이 펼쳐질 것을 암시하는 전조이자, 김구 자신의 비극적 죽음의 시발이기도 했다. 비슷한 시기, 조선총독부에도 항복 사실이 통고되었다.

"내일 정오, 천황의 특별방송이 있을 것이다. 조선인의 보복으로부터 거류 일본인의 생명과 재산을 최대한 보호하라."

도둑같이 찾아온 해방

50만 명에 달하는 조선 거류 일본인을 3,000만 조선인으로부터 보호해야 하는 막중한 임무가 아베 총독과 엔도 정무총감에게 내려졌다. 그들은 긴급히 숙의한 끝에 조선의 유력한 독립운동 지도자에게 협조를 구하기로 했다.

8월 15일 아침, 여운형 선생이 조선총독부에 나타났다. 엔도 총감에게 급히 만나자는 연락을 받고 오는 길이었다. 여운형은 일제 패망에 대비해 독립 정부 수립을 준비하던 비밀조직 '조선건국동맹'의 지도자였다. 엔도는 여운형에게 정오에 특별방송이 있을 거라며, 조선인

포츠담 선언 1945년 7월 독일이 패망한 뒤 베를린 인근 포츠담에 연합국 정상들이 모였다. 이 자리에서 유럽의 전후 처리 방향과 함께 일본에 대한 앞으로의 대응을 논의하였다. 당시 일본은 미국과 적절한 선에서 휴전하길 원했다. 하지만 연합국 정상들은 일본에 무조건 항복을 요구하기로 결정하였다. 일본은 처음 이 제안을 거절했지만, 8월 초 일본 히로시마와 나가사키에 연이어 원자폭탄이 투하되자 항복하였다.

의 보복으로부터 일본인들을 보호해 달라고 부탁했다. 이미 1년 전부터 이날을 준비해 온 여운형은 거침없이 조건을 이야기했다.

전국의 모든 정치범(독립투사)을 석방할 것, 건국을 위한 정치 활동에 간섭하지 말 것, 학생 청년을 조직·훈련(즉, 군대나 경찰 건설)하는데 간섭하지 말 것, 노동자 농민의 건국 활동(즉, 경제 활동)에 간섭하지 말 것. 한 마디로, 통치권을 넘기면 보호해 주겠다는 제안이었다. 엔도는 고개를 끄덕였다.

8월 15일 정오, 일본 천황의 특별방송이 라디오에서 흘러나왔다. 살아 있는 신의 목소리를 직접 듣는 것은 전에 없는 일이었다. 또박또박 항복 선언문을 읽어 내려가는 천황의 목소리가 묘하게 떨렸다.

"이에 짐은 연합국의 제안을 수락하노라."

일제가 패망한 뒤 서둘러 귀국길에 오르는 일본인들. 8월 15일 일본 천황의 항복 선언이 있기 전, 엔도 정무총감은 여운형에게 일본인들의 안전 보장을 요청했다.

방송이 끝나자 사람들은 웅성거렸다. 일본 말을 못 알아듣는 사람들도 많았고, 내용도 난해했다.

"뭔 소리야?"
"글쎄, 연합국의 제안을 수락한다는데?"
"연합국이 항복했나?"
"휴전 제안을 한 게 아닐까?"

신문에서 연일 일본의 승전보만 접하던 시민들은 '연합국의 제안'이 무언지 도통 알 수 없었다. 그들은 고개를 갸우뚱하며 흩어졌다. 반면 그동안 몰래 단파 라디오로 연합국 방송을 들었던 사람들은 만세를 불렀다.

"왜 그래? 왜 만세를 부르는 거야?"
"일본이 항복했어. 연합국의 무조건 항복 조건을 수락한다잖아!"

혼돈의 첫날 밤

여운형과 건국동맹 사람들은 곧장 서대문 형무소로 달려갔다. 패전 소식을 들은 일본군이 무슨 짓을 저지를지 알 수 없었다. 일단 감옥에 갇혀 있는 독립투사들을 구하는 게 급선무였다. 일본인들은 벌써 할복자살을 하겠다고 난리들이었다. 서대문형무소는 다행히 미리 연락을 받은 일본군이 질서를 유지하고 있었다. 훗날 진보당 당수로

1945년 8월 15일, 서대문 형무소에서 출옥한 독립투사들과 그들을 환영하는 군중들.

대통령 선거에서 200만 표를 얻는 조봉암 등 주요 인사들이 이날 풀려났다.

서로 얼싸안고 감격을 나누던 독립투사들은 근처 학교 운동장으로 자리를 옮겨 간단한 집회를 열고 행진을 시작했다. 수백 명의 독립투사와 그 가족들을 포함하여 전에 보기 어려운 대규모 인파가 행진에 참여했다. 그들은 일장기에 파란 잉크로 태극 문양을 그려 급조한 태극기를 들고 독립 만세를 외치며 시가행진을 벌였다.

상황을 모르는 사람들은 집에 들어가 문을 걸어 잠그고, 자초지종을 파악한 이들은 시위에 참여하면서 혼란이 일어나기도 했다. 약삭빠른 친일파들은 벌써 짐을 챙겨 시골로 달아나거나 일본으로 망명

할 방법을 알아보았다. 그렇게 해방의 첫날 밤이 찾아왔다. 집회를
마친 사람들은 삼삼오오 집으로 가며 이야기꽃을 피웠다.

“대통령제겠지?”

“임시정부가 대통령제니까 그렇겠지.”

“누가 대통령이 될까?”

“이승만 박사겠지.”

“이승만 박사?”

“당연한 거 아냐? 이승만 박사가 임시정부 대통령이니까.”

“김구라는 얘기도 있던데?”

“김구가 누구야? 그 중국에서 독립운동 한다던 사람? 에이, 그 사람
이 왜 대통령이야. 이승만은 미국 방송에서 매일 연설했잖아. ‘나
임시정부 이승만입니다.’ 그랬잖아. 1년 내내 방송 들어 놓고 왜
딴소리야.”

“…….”

36

박정희가 좌익이 된 이유
대구 10·1 폭동

교과서 속 한 줄 역사   1946년 10월 1일, 대구에서 미군정의 정책에 반발하는 봉기가 일어났다. 이날의 데모는 밤늦게 진압되었지만, 곧 삼남 지방을 넘어 서울, 경기 지방까지 확산되었다.

박정희는 가난한 농부의 일곱째 아들로 태어났다. 찢어지게 가난하던 시절, 이미 자식을 여섯이나 둔 박정희의 아버지는 여덟 가족이 입에 풀칠하기도 어려운 판에 또 아이가 생기자 기겁했다. 박정희의 어머니는 일곱째 아이를 유산시키려고 간장을 들이키고 높은 데서 뛰어내리고 배를 방망이로 치는 등 별짓을 다했다고 한다. 하지만 아이는 무사히 태어났으니, 그 막내아들이 바로 박정희였다.

뱃속에서부터 구박을 받고, 태어나서도 제대로 보살핌을 받지 못해서인지 박정희는 깡마른 체격에 키도 자라지 않았다. 어린 박정희

일본 육군사관학교 생도 시절의 박정희(가운데).

를 돌보는 것은 형제들 몫이어서, 큰누나와 셋째 형 상희가 그를 키우다시피 했다. 박정희는 특히 형 박상희를 많이 따라서, 아버지와 다름없는 형이라고 늘 이야기하곤 했다.

어렵게 자랐지만 머리는 좋았는지 박정희는 공부를 썩 잘해 대구사범학교를 졸업하고 학교 선생이 되었다. 하지만 적성에 맞지 않아 3년 만에 때려치우고 만주로 가 군인의 길을 걷기 시작했다. 일본 육군 대위로 전쟁에 참여한 박정희는 해방이 되고 나서 육사 2기생으로 국군 장교의 길을 걷는다.

홧김에 남로당 입당

그 즈음인 1946년 10월, 대구를 중심으로 경상도 지역에서 좌익들이 폭동을 일으켰는데, 미군정의 실정에 불만을 품고 있던 서민들이 이에 호응하면서 삽시간에 봉기로 발전했다. 이 사건이 바로 '대구 10·1 폭동'이다. 곳곳에서 미군과 민중들이 충돌하면서 폭동의 불길이 박정희의 고향인 구미까지 번졌다.

당시 박정희가 그토록 따랐던 형 박상희가 구미에서 공무원으로 일하고 있었다. 박상희는 사건이 터지자 친구 황태성과 함께 사태를 원만히 수습하려고 노력했다. 다행히 남로당 간부였던 황태성이 박상희의 충고를 받아들인 덕에 구미 지역만은 큰 충돌 없이 원만하게 봉기가 수습되었다. 그런데 이후 봉기를 진압하러 구미에 들어온 진압군이 박상희를 구미 지역 좌익 책임자로 지목하여 총살해 버리고 말았다.

형이 죽었다는 소식을 듣고 달려온 박정희는 아버지 같은 형의 죽음에 대성통곡하며 복수를 다짐했다. 그때 박정희에게 다가간 사람이 황태성이었다. 박정희는 형의 복수를 하려면 남로당에 가입하라는 황태성의 권유를 흔쾌히 받아들여 군대 내 남로당 조직원을 포섭하는 역할을 맡았다. 그로부터 2년 뒤, 박정희는 남로당 영남 지구 유격대 부사령관까지 진급했다. 하지만 거기까지였다. 1948년 10월 국군 14연대 내 좌익들이 '여수 순천 10·19 사건'을 일으키자, 군대 내 좌익을 색출하려는 수사가 진행되면서 박정희도 체포되었다.

여수 순천 10·19 사건 1948년 10월 19일 전라남도 여수에 주둔하고 있던 국방경비대 제14연대 소속의 일부 군인들이 일으킨 사건. 제주 4·3 사건으로 정부와 제주 주민들 사이의 충돌이 심해지자, 정부는 10월에 대규모 병력을 투입하기로 하고 14연대를 여수에 배치하였다. 그러자 14연대 내부의 남로당 조직원들이 선동하여 반란을 일으켰다. 반란은 곧 진압되었지만 일부가 지리산으로 들어가 6년간 빨치산 활동을 벌였고, 정부는 군대 내 남로당을 소탕하려고 대규모 수사에 들어갔다.

색깔론의 첫 피해자

박정희 수사를 담당했던 사람은 육군 특무대 소속의 김창룡金昌龍이었다. 김창룡은 일제 말기 관동군 헌병대에서 대공 사찰을 담당하여 반일 세력을 색출하는 일을 하다가, 광복 후 소련군에 체포되어 사형 선고를 받고 원산으로 압송되던 중 열차에서 탈출하여 남하한 사람으로서, 좌익이라면 무조건 증오하였다. 당시 김일성이 제일 무서워하는 사람이 '반공 검사'로 이름을 떨쳤던 오제도吳制道 검사와 김창룡 대장이라는 소문이 돌 정도였다. 그런 김창룡이 박정희에게 담배를 권하며 조용히 말했다.

"당신이 좌익이 된 이유는 형의 복수 때문이 아니요. 하지만 형은 좌익이 아니었소. 좌익 폭동 때문에 연루된 것이니 오히려 원수는 좌익이오. 형의 원수를 갚기 위해 좌익과 싸웁시다. 이번 수사에 적극 협조하면 당신의 선처를 탄원하겠소."

김창룡은 군대 내 남로당원 명단을 넘겨주면 모든 걸 용서하겠다고 박정희를 설득했다. 원치 않는 좌익 활동에 지쳐 있던 박정희는 남로당원 명단을 작성해 넘겨주었고, 이로써 엄청난 수의 군대 내 남로당이 일망타진되었다. 박정희는 잠시 감옥에 갔다가 곧 사면되었고, 한국전쟁에 참전하면서 승진을 거듭했다. 하지만 과거 좌익 경력 때문에 중요 직책은 맡지 못하고 항상 주변부를 맴돌기만 했다. 훗날 대통령에 출마했을 때도 좌익 경력으로 야당에게 공격받았다.

박정희는 반공을 국시로 내세우며 국가보안법 외에 반공법, 사회안전법까지 제정하며 반공 이데올로기를 강화시키고, 이를 정치적 반대파나 민주화 세력을 탄압하는 논리로 이용했다. 그러나 아이러니하게도 이러한 색깔론의 첫 피해자는 다름 아닌 박정희 본인이었다.

37

모든 사람의 선생님
김구

교과서 속 한 줄 역사   유엔에서 남한만 단독정부를 수립하기로 결정하자, 김구는 분단을 막기 위해 남북협상을 제안했다. 1948년 4월 평양에서 열린 남북협상에서 분단을 막기 위해 노력할 것을 선언했지만 현실적 능력이 부족했다.

요즘 젊은 세대들에게 '백기완'이란 이름은 조금 낯설 것이다. 백기완은 1987년과 1992년, 두 번의 대통령 선거에서 민중 후보로 추대되어 출마했던 재야의 유명 인사다. 당시 명연설로 이름을 날렸으며 '분장 거부', '사전 대본 거부'로 화제를 모으기도 했다. 득표율은 미미했지만 정치적으로 영향력 있는 재야인사로서 사람들의 관심을 끌었다.

인터넷 검색창에 '백기완'의 이름을 넣고 검색해 보면 '노동자 출신의 사회주의 운동가'라고 소개되어 있다. 운동권 대통령 후보이자 진보 정당 운동의 선구자이니 당연한 설명 같지만, 그의 경력을 살펴

보면 의아한 점이 있다.

백기완과 김구의 특별한 인연

일찍이 김구 선생은 '나의 소원'이라는 글에서 공산주의는 절대 안 된다고 몇 차례나 강조했다. '나의 소원'이 어떤 글인가? "너의 소원이 무엇이냐 물으면 대한의 독립입니다. 또 너의 소원이 무어냐 물으면 더 크게 대한의 독립입니다. 또 너의 소원이 무어냐 물으면 더욱 큰 목소리로 대한의 진정한 독립이라고 외치겠다."라는 유명한 말로 시작하는 글이다. '죽어도 대한의 독립이 소원'이라고 주장하는 그 글에서 김구는 공산주의를 격렬하게 배격했다.

갑자기 김구 선생 이야기를 꺼낸 이유는 백기완이 1967년 장준하와 함께 '백범사상연구소'(현 통일문제연구소)를 설립하고 현재까지 소장 직을 맡고 있기 때문이다. 김구를 계승한다는 사람이 사회주의 운동가라니, 이 무슨 소리냔 말이다.

백기완 본인의 말에 따르면, 그가 얼여섯 살 때 아버지가 그를 김구 선생에게 데리고 가서 인사를 시켰다고 한다. 김구 선생이 분단에 반대하며 남한 단독정부를 수립하려는 이승만 정권과 한창 대립하던 시절이었는

대통령 후보 시절 백기완. 민중후보로 추대되어 독자 출마한 백기완은, 득표율은 미미했지만 명연설로 이름을 날리며 관심을 끌었다.

데, 그때 김구 선생은 백기완을 예뻐하며 통일 조국을 수립하는 데 매진하라고 당부했다고 한다. 어떤 이는 백기완이 김구 선생 무릎에 서 놀았다고도 하지만, 열여섯 아이가 어른 무릎에서 놀 수는 없는 일이니 그만큼 가까운 사이였다고 이해하면 되겠다.

아무튼 김구 선생이 얼마 뒤 안두희의 흉탄에 맞아 서거한 뒤, 김구 선생을 따르던 사람들은 두 부류로 나뉘었다. 한 부류는 민주주의 발전에 힘을 기울이고, 다른 한 부류는 통일운동에 열정을 쏟았다. 이 중 백기완은 전자에 속했다. 박정희 시대에 30대의 백기완은 민주화 운동에 앞장서며 한일 굴욕외교에 저항한 김지하, 광복군 출신 재야 지도자 장준하 등과 고락을 함께했다. 그는 어찌나 다혈질인지 자기를 고문하려는 정보부원과 난투극을 벌이고, 의견이 맞지 않으면

1948년 4월 19일 남북연석회의 참석차 38선을 넘는 김구. 남한 단독정부 수립을 막고자 북행을 단행한 김구는 김일성을 비롯한 북한의 주요 정치가와 회담을 가졌지만 큰 성과는 얻지 못한 채 돌아왔다.

동지에게도 주먹을 날릴 정도로 직선적이었다.

이후 백기완은 노동운동에 관심을 쏟으며 진력한 반면, 재야의 통일운동과는 거리를 두었다. 1989년 북한을 방문한 문익환 목사와의 불편한 관계가 사람들 입에 오르내리기도 했으며, 1987년과 1992년 대통령 선거에 나선 것도 운동권 내에서 노동운동 계열 사람들의 추대를 받은 것이었다.

김구를 계승한다는 것

오늘날 김구를 계승한다는 건 어떤 의미일까? 해방 이후 김구 선생이 만든 한독당의 재정부장을 맡았던 신창균은 정부가 친북 단체로 지목한 범민련에서 활동하며 통일운동에 적극적으로 나섰고, 백기완이나 장준하 같은 이는 민주화 운동에 헌신했다. 어느 쪽이든 친북 혹은 좌익 딱지를 면치 못했지만 말이다. 그런가 하면 오늘날 정치인들에게 가장 존경하는 인물이 누구냐고 물으면, 정당을 막론하고 '김구'라고 답하는 사람이 제일 많고, 정치인들이 감명 깊게 읽은 도서

안두희   1949년 현역 육군 소위였던 안두희는 김구에게 의도적으로 접근하여 호감을 사서 경호를 느슨하게 한 뒤, 6월 26일 권총으로 김구를 암살하였다. 사건 직후 이승만에게 충성을 다하던 특무대로 호송되어 수사를 받은 뒤 종신형을 받았다가 석 달 만에 15년으로 감형받고, 그로부터 1년 후에는 특별 석방되었다. 이 때문에 김구 암살 배후로 이승만이 유력하게 떠올랐다. 하지만 안두희는 끝내 입을 다문 채 1996년 살해당했고, 진실은 영원히 미궁으로 빠지고 말았다.

1949년 7월 5일 서울운동장에서 국민장으로 치러진 김구의 장례식. 해방 후 분단을 막으려 동분서주하다 극우 테러리스트에게 암살당한 김구는 오늘날 좌우를 막론하고 모든 이들에게 존경받는 인물이 되었다.

목록에서도《백범일지》가 빠지지 않는다.

1949년 남북통일을 주장하다 극우 테러리스트에게 암살당한 김구 선생은 오늘날 독립운동가요, 민족주의자요, 통일운동가로 기억되고 있다. 선생을 추억하는 사람들이 다양한 만큼이나 그 계승 방식도 다양하겠지만, '나라'와 '민족'을 위하는 마음은 하나이기를 바란다.

38
어느 시골 마을의 전쟁 이야기
6·25

나의 아버지는 1932년 예산에서 태어났다. 한국전쟁 당시 19세, 예산농고 3학년이었다. 그 시내에는 훤칠한 편에 속하는 174센티미터의 키에 축구와 육상으로 다져진 탄탄한 몸, 그리고 700석지기 지주의 아들로 앞날이 유망한 청년이었다. 한 가지 아쉬운 점이라면, 키가 너무 커서(?) 싱겁다는 소리를 좀 들었다고 한다.

전쟁이 나자 아버지 고향에도 인민군이 들어오면서, 마을의 가난한 농군들이 지주를 처단한다며 낫과 삽 등을 들고 아버지 집으로 몰려왔다. 아버지는 그들에게 붙들려 끌려가면서 이젠 죽었다는 생각에 눈앞이 캄캄했다고 한다. 그런데 그 순간, 아버지에게 기적이 일어났다. 평소 친하게 지내던 문방구 주인이 붉은 완장을 차고 나타난 것이다. 아마도 남로당 세포였을 그 사람은 마을에서 가장 가방끈이 긴 아버지에게 큰 기대를 갖고 있었다.

"여러분들, 지주는 나쁘지만 그 아들이 무슨 잘못이겠소. 이 청년은 생각이 바르고 건실해서 인민군에 자원 입대할 것이오."

그리하여 아버지는 인민군 자원 입대서에 서명을 하고 군부대로 향하는 트럭에 올라타게 되었다. 구사일생으로 목숨을 건진 아버지는 트럭이 출발하고 얼마 뒤 차에서 뛰어내려 죽어라고 도망쳤다. 평

1950년 10월 38선을 가로지르는 유엔군.

소 육상부 지도 선생님에게 마라톤 선수 해도 좋을 심장이라는 칭찬을 들었던 터라 달리는 것만큼은 자신 있었다. 게다가 양반의 고장답게 느린 사람들뿐이어서 아무도 아버지를 쫓아오지 못했다고 한다.

다행히 도망은 쳤지만 마을로 돌아갈 수 없었던 아버지는 멀리 떨어진 친척 집에 숨어들었다. 행정구역 경계 부근에 자리 잡은 집이었는데, 인민군이 경계선 부근까지만 왔다 돌아가는 바람에 아버지는 경계선을 넘나들며 용케 잡히지 않고 피할 수 있었다.

시간이 흐르고 전쟁이 고비를 넘기면서 나이와 신분을 속이고 대충 묻어 살 수 있는 환경이 마련되었다. 시골은 좌든 우든 상관없이 적당히 살아가는 곳이었다. 아버지는 식량 배급을 받으러 노역을 다니기 시작했고, 그곳에서 감시하는 인민군과 친하게 지내게 되었다. 결혼까지 한 그 인민군 남자는 끌려온 것이 아니라 자원해서 온 당원이었다. 당비를 낸 도장이 찍힌 당원증을 자랑스럽게 보여 주던 그는, 그러나 전쟁에 염증을 느끼기 시작했는지 가족 이야기를 하면서 눈물을 짓곤 했다고 한다.

그리던 어느 날, 아버지에게 청천벽력 같은 소식이 전해졌다. 할아버지가 인민재판에서 반동분자로 판결을 받아 처형된다는 것이었다. 아버지는 이러지도 저러지도 못한 채 속만 태우다가, 임종이라도 지켜야겠다고 마음먹고 처형일 전날 고향 마을 산자락에 숨어들었다. 예로부터 아버지 고향 쇠재(금치리)는 인물이 나도 산적이나 역적이 나온다고 할 정도로 산세가 험하고 깊어 숨을 곳은 얼마든지 있었다.

아버지는 산에서 밤을 보낸 뒤 공개 처형이 열리기로 되어 있던

한국전쟁 당시 탱크를 배경으로 어린 동생을 업은 여자아이. 전쟁의 비극은 어느 누구에게도 예외가 될 수 없었다.

마을 공터 근처 산자락에 엎드려 시간이 되길 기다렸다. 그런데 이상하게 아무리 기다려도 사람들이 나타나지 않았다. 얼마를 그렇게 기다렸을까, 점심이 지나고 오후 무렵쯤 되었을 때 낯선 군복들이 나타났다. 국군이 들어온 것이다!

좌익과 북한군이 달아난 뒤, 아버지는 다시 고향 마을의 유지로 돌아가 마을 반공청년단 단장이 되었다. 당시 반공청년단은 군사조직과 다름없어서 '빨갱이'가 나타나면 신고하거나 체포·처단할 수 있었다. 그래도 아버지는 인민군 치하에서 주변 사람들 중 다친 사람이 아무도 없었기 때문에 목숨만은 지켜 주려 했다고 한다. 하지만 그것도 쉬운 일이 아니었다.

한번은 경찰에서 좌익 한 명을 잡았으니 빨리 데려가라고 연락이 왔다. 연락을 받자마자 출동했지만, 그 사람은 이미 몰매를 맞아 숨진 뒤였다. 과거 좌익에게 처형당한 그 지역 사람의 유족이 경찰의 제지를 뚫고 들어와 때려죽인 것이다. 결국 아버지는 시신만 인수해서 돌아올 수밖에 없었다.

개인적 보복이 악순환되던 시절, 웬만한 규모의 도시가 아니고는 정상적인 재판을 거쳐 좌익을 처벌하기 힘든 상황이었다. 달랑 경찰 몇 명이 지키고 있는 곳에 수십 명의 유족이 들이닥치는데 무슨 수로 막겠는가.

아버지는 그해 겨울 부산으로 옮긴 서울대학교에 입학했고, 수도가 서울로 옮겨 갈 때까지 부산의 임시 서울대 교사에서 대학 시절을 보냈다. 그러니 아버지의 한국전쟁 이야기도 여기에서 끝난다.

전쟁의 비극에서는 어느 누구도, 어느 지역도 예외가 될 수 없음을, 이 조용한 시골 마을의 전쟁 이야기가 전해 주고 있다.

39

50년대 명동, 그리고 〈목마와 숙녀〉
박인환

한 잔의 술을 마시고

우리는 버지니아 울프의 생애와

목마를 타고 떠난 숙녀의 옷자락을 이야기한다.

〈목마와 숙녀〉의 한 구절이다. 이 시를 쓴 박인환朴寅煥은 1926년생으로 덕수초등학교, 경기중학교, 평양의전을 다닌 인텔리였다. 집안 사정은 그리 어렵지 않았던 모양이지만, 그는 학교를 번번이 자퇴하는 등 예술가적 기질과 광기로 인해 평탄한 삶을 살지 못했다.

한국 모더니즘의 기수

박인환은 해방 이후 서울에서 '마리서사茉莉書肆'라는 서점을 운영했는데, 당시 유행하던 모더니즘 관련 서적을 많이 구비해 놓아 예술가들이 그의 서점을 많이 찾았다. 그는 서점을 찾은 또래 시인들과 어울려 술을 마시고 시와 사상을 토론하며 활발하게 교류했고, 와중에 김수영金洙暎의 어머니가 운영하는 술집에서 부어라 마셔라 하던 이들과 함께 1949년 동인지 《새로운 도시와 시민들의 합창》을 만들었다. 이른바 후기 모더니즘(2기 모더니즘) 시대의 개막을 알리는 신호탄이었다.

그러나 2기 모더니즘은 한국전쟁이라는 거대한 파도에 휩쓸려 단명하고 말았다. 친구 오장환吳章煥은 좌익이 되어 월북하고, 김수영은 인민군에 끌려가다 국군에게 포로로 잡혀 거제도 수용소에 감금되었으며, 박인환 자신은 종군 시인이 되어 군인들의 사기를 고취하는 시

김수영 박인환의 절친이자 같은 모더니즘 계열의 시인이었던 김수영은, 거제도 포로수용소에서 좌우 포로 간 대립을 직접 겪으며 심한 정신적 충격을 받았다. 그는 자신의 생니를 뽑으며 실존감을 느끼려 몸부림쳤고, 그때의 기억은 포로수용소에서 석방된 뒤에도 그를 괴롭혔다. 50년대 내내 은둔 생활을 하며 정신적 충격을 치유했던 그는, 4·19 혁명을 계기로 다시 세상으로 나와 저항시를 쓰기 시작했다. 그로부터 교통사고로 허무하게 죽을 때까지 8년 동안, 그는 시대의 아픔을 노래하는 저항시인으로 활동했다.

자신이 운영하던 서점 마리서사 앞에서 포즈를 취한 박인환(오른쪽).

를 쓰는 처지가 되었다.

전쟁이 끝나고 서울로 돌아왔지만 시인의 거리 명동은 폐허가 되어 있었다. 잠적하고, 죽고, 월북하여 돌아오지 않는 사람들이 많았다. 박인환은 쓸쓸한 명동 거리를 지키며 매일 밤을 술로 지새웠다. 하루를 술로 시작하고 술로 마감했다. 많은 사람들이 그를 걱정했지만, 그는 "술이 별이 되고 시가 된다."며 고집을 부렸다. 그 유명한 〈목마와 숙녀〉도 이 시기에 나왔다.

그는 술집에서 시를 썼고, 술을 마시며 시를 썼다. 멋들어진 머플러와 모자를 걸치고, 최신 유행 코트와 양복을 입은 멋쟁이 신사가 양주를 마시며 허무와 사랑을 노래하면 명동 거리가 환하게 밝아 왔다.

박인환은 시를 써서 돈을 벌면 옷을 사고 술값을 냈다. 당연히 그의 집은 가난에 쪼들릴 수밖에 없었다. 그는 판자촌 초라한 집에서 아내와 자식들을 굶기며 살았다. 아내는 시인 남편을 사랑했지만, 생활고에 시달리며 죽어 가는 남편을 안타까워했다. 이혼하자고 난리를 치며 말린 것이 한두 번이 아니었다. 그러나 남편은 반나절도 술을 끊지 못했다.

지금 그 사람 이름은 잊었지만…

1956년 3월 어느 날, 아직 영하의 추운 명동 거리에서 박인환이 아침부터 떨고 서 있었다. 친구가 발견하고 어찌 된 일인지 묻자, 돈이 떨어져 아끼던 코트를 팔아 버렸다고 했다. 친구는 그를 데려가 아침을 먹였다. 배를 채운 인환은 담배를 피우며 금세 호기로운 모습을 되찾았다. 그는 다시 명동 거리를 쏘다니며 술집을 섭렵했다. 누구에게나 환영받았던 인환, 그를 위해 술값 내는 걸 마다하는 사람은 없었다.

그렇게 만취한 채 귀가하던 그는 집 앞에서 갑자기 가슴을 부여잡고 쓰러졌다. 아내가 일으켜 집 안으로 들였지만 끝내 눈을 뜨지 못했다. 사인은 심장마비였다. 친구들이 달려가 보니 얼굴이 까맣게 죽었는데, 변변한 이불이 없어 그 추운 바닥에 천 조각만 덮고 누워 있었다. 시인 모 씨가 양주병을 하나 들고 와 박인환의 입을 벌리고 술을 들이붓고는, 남은 술을 돌려 마시며 통곡했다. 향년 31세였다.

죽기 얼마 전, 박인환은 단골 술집 '경상도집'에서 작곡가 이

김수영, 김경린, 등과 더불어 1950년대 모더니즘 시를 대표하는 박인환은 31세의 젊은 나이에 세상을 떴다. 잘생긴 외모의 '댄디 보이'였던 박인환은 통속적인 것을 혐오하고, 원고를 쓸 때는 구두점 하나에도 까다롭게 굴고, 싫어하는 사람과는 차도 한 잔 함께 마시지 않았다고 전한다.

진섭과 배우 나애심 등과 술을 마시다 문득 시상이 떠올라 낮게 읊조
리기 시작했다.

지금 그 사람 이름은 잊었지만

그의 눈동자 입술은

내 가슴에 있어

바람이 불고

비가 올 때도

나는 저 유리창 밖

가로등 그늘의 밤을 잊지 못하지

사랑은 가고

과거는 남는 것

여름날의 호숫가

가을의 공원

그 벤치 위에

나뭇잎은 흙이 되고

나뭇잎에 덮여서

우리들 사랑이 사라진다 해도

지금 그 사람 이름은 잊었지만

그의 눈동자 입술은

내 가슴에 있어

내 서늘한 가슴에 있건만

이진섭이 시가 좋다며 그 자리에서 곡을 붙이고, 나애심이 옆에서 흥얼거렸다. 얼마 뒤 취했다며 나애심이 일어나고 테너 임민섭이 합석했다. 그는 이진섭이 건네준 악보를 보고 명동이 떠나가게 노래를 불렀고, 그 소리를 듣고 몰려온 예술가들이 합창하며 명동의 밤을 지샜다.

명동의 가난한 예술가들이 합작하여 만든 노래 〈세월이 가면〉, 그것은 얼마 뒤 세상을 떠날 박인환에 대한 이별 노래였다.

40

대통령을 꿈꾼 깡패

이정재 · 이화룡

해방은 이른바 깡패들의 세계에도 많은 영향을 끼쳤다. 서울의 주
요 상권을 장악하고 있던 야쿠자 하야시패가 일본으로 돌아가면서 힘
의 공백이 생긴 것이다. 청계천을 중심으로 활동하던 종로패의 김두
한이 그 자리를 미처 차지하기도 전에, 이북에서 내려온 주먹들이 명
동에 자리를 잡았고, 종로패도 좌익과 우익으로 나뉘어 갈등했다.

명동패와 동대문패의 남북전쟁

하지만 곧 한국전쟁이 일어나면서 많은 주먹들이 전쟁 통에 죽고,

50년대 중반 서울의 주먹판은 명동의 이화룡을 중심으로 한 이북 주먹과 동대문의 이정재를 중심으로 한 이남 주먹, 두 세력의 대결로 압축되었다. 이를 두고 동대문패의 행동 대장이었던 낙화유수는 '남북전쟁'이라고 표현하기도 했다.

50년대 명동의 모습을 그린 이봉구李鳳九의 유명한 수필집《명동백작》에도 이화룡의 이야기가 나온다. 이화룡은 문화 예술의 거리였던 명동 분위기에 걸맞게 멋있고 낭만적인 깡패를 추구했다. 가능하면 부하들에게도 양복 정장을 입히고 예술인들을 깍듯이 대접하도록 했다. 그래서 부하들도 스스로 '밤의 호랑나비', '선량한 밤 어깨'라고 소개하며 멋을 부리곤 했다고 한다.

반면 경기도 이천의 씨름 선수 출신인 이정재는 소매치기 임화수, 의동생 유지광 등과 함께 7인회를 조직한 뒤 자유당 2인자였던(1인자는 당연히 대통령 이승만) 이기붕李起鵬의 비호 아래 정치 깡패로 성장했

이화룡 명동을 신상사에게 넘겨주고 주먹 세계를 떠난 이화룡은 영화 제작자로 변신한다. 그는 영화 제작사를 차려 충무로에 정착함으로써 오늘날 한국 영화의 '충무로 시대'를 여는 데 큰 공을 세웠다. 50년대 대표작으로 베를린 영화제에서 은곰상을 받은 〈마부〉에 '제작자 이화룡'이라는 이름이 보인다. 하지만 영화를 가장 적극적으로 활용한 주먹은 동대문 사단의 임화수였다. 60년대까지 한국 영화계는 주먹으로부터 자유로울 수 없었다. 60년대 최고 배우였던 최무룡도 인터뷰에서 "주먹들의 간섭이 종종 있었다"고 회상했다.

다. 낙화유수의 회고에 따르면, 이정재는 대통령을 꿈꿀 정도로 정치적인 인간이었다고 한다. 이정재가 매우 현실적이고 지략가의 면모가 강했던 것도 그 때문이었을 것이다.

사실 명동패는 동대

1961년 5월 21일 사회분위기 쇄신 차원에서 진행된 조폭들의 시가행렬. 이정재가 가슴에 이름표를 달고 맨 앞에서 걷고 있다. 이정재는 4·19 혁명의 도화선이 된 고려대생 습격 사건을 주도한 혐의로 재판을 받고 사형에 처해졌다.

문패의 상대가 될 수 없었다. 경찰을 등에 업은 동대문패를 무슨 수로 이긴단 말인가? 결국 1958년 '충정로 도끼 사건'을 계기로 명동패가 동대문패에 흡수되면서 싱겁게 천하통일이 이루어졌다.

일제시대 김두한과 하야시, 50년대 이화룡과 시라소니, 이정재와 임화수의 이야기는 드라마나 소설을 통해 사람들에게 많이 알려졌다. 그에 비하면 60, 70년대를 풍미한 신상사·조양은·김태촌 등은 그저 '조폭 보스'로만 기억될 뿐이다. 왜 유독 40, 50년대 주먹들의 이야기가 사람들의 뇌리에 깊이 각인된 것일까?

정치 깡패, 밤을 지배하다

50년대 주먹의 상징적 존재였던 홍영철의 이야기를 살펴보자. 당시 홍영철은 소공동에 터를 잡고 소공동패를 이끌고 있었다. 지금은 소공동이 번화가지만, 당시에는 별 볼 일 없는 조용한 곳이었다. 왜 이런 곳에 주먹패가 자리를 잡았을까? 소공동패는 미국의 원조 물자를 경매 처분하는 과정에 개입해서 돈을 벌었다. 미국이 원조 물자를 경매에 붙이면, 폭력을 동원하여 특정 업체가 정해진 가격에 당첨되도록 한 뒤 그 이윤을 나눠 가지는 것이다. 이렇게 얻은 돈은 정치인들의 불법 정치자금으로 흘러 들어갔다

아직 정치가 어수룩하고 민주주의도 제대로 정착되지 못한 시절, 권력이 합법적으로 할 수 없는 일들을 대신 해 주는 밤의 세력이 필요했고, 이러한 시대적 요구가 있었기에 주먹들이 번성할 수 있었다. 권력을 뒷배 삼은 주먹들은 약간의 권력까지 쥘 수 있었으므로, 보호비나 뜯는 조폭들과는 격이 달랐다.

하야시는 오늘날 국무총리에 해당하는 정무총감을 오라 가라 하던 실력자였고, 김두한은 자신이 직접 국회의원이 되었으며, 이정재는 대통령을 꿈꾸며 이천에서 국회의원 출마를 노리기도 했다. 암울한 시대에 밤을 지배했던 사람들을 오늘날 거리의 조폭들과 동급으로 생각한다면, 그들에게 실례가 되는 게 아닐까?

41

소극적인 계엄사령관
4·19 혁명

1960년 4월 19일 지금의 청와대, 당시 경무대라 부르던 대통령 관저로 향하는 시위대에 경찰이 무차별 총격을 가했다. 역사는 이날을 '피의 화요일'이라고 부른다. 자유는 피를 먹고 자란다고 했던가. 한국 민주주의의 제전에 첫 제물이 바쳐진 날이었다.

군부와 이승만의 껄끄러운 관계

그날 오후 두 시 30분, 한국 정부는 서울에 비상계엄을 선포했다. 계엄은 사회 안정과 질서유지를 위해 군이 일정한 지역을 다스리는 것을 뜻한다. 송요찬 중장을 계엄사령관으로 하는 1개 사단 병력이 탱크 1개 중대를 앞세우고 서울로 들어왔다. 수백 명의 사상자가 발생한 상황에서, 탱크를 앞세운 군대가 서울로 밀어닥치자 학생과 시민들은 위축되었다. 사람들은 일단 사태를 관망했다. 군인들은 철조망과 탱크로 방어선을 치고 서울 시내를 점령했다.

숨 막히는 대치 상황이 이어졌으나, 겉으로는 평온을 찾은 것처럼 보였다. 하지만 계엄사령관 송요찬은 이것이 잠깐의 평화, 폭풍 전고요에 지나지 않을 거라고 생각했다. 그는 사태를 원만히 수습하려면 학생들을 진정시켜야 한다고 판단하고, 학생 대표들이 모여 있던 한 대학을 찾아갔다. 계엄사령관이 직접 찾아와 대화로 문제를 풀어가자고 하자 학생들은 환호성을 질렀다. 훗날 송요찬은 당시를 이렇게 회고했다.

"내가 얘기 좀 하자니까 지네들 편인 줄 알고 환호하더라구."

그러나 송요찬은 대화를 하기보다는 학생들에게 시위를 하거나 군대에 적대 행위를 할 경우 엄중하게 처벌하겠다고 경고하러 간 것이었다. 그는 계엄군의 목적이 서울 시내의 질서를 회복하는 데 있음을 분명히 했다.

그래도 그것만으로도 충분했다. 당시 정부가 학생들을 적극적으로 진압하여 일망타진하라고 압력을 넣었지만, 군부는 질서유지 외에는 적극 나서지 않았다. 이러한 군부의 중립적 태도는 이후 정국에서 큰

4·19 혁명 당시 시위 대열을 선도하는 학생과 시민들(위). 상수도관을 굴리며
경무대로 육박하는 시위 대열에 밀려 후퇴하는 경찰관들(아래).

변수가 되었다. 왜 군부는 이토록 소극적이었을까? 여러 이유가 있지만, 일단 군부와 이승만 정부의 껄끄러운 관계 탓이라고 보는 견해가 많다.

건국 당시부터 이승만은 군대를 믿지 않았다. 이승만은 군대 내에 좌익이나 반이승만 세력이 많다고 보았다. '여수 순천 10·19 사건' 같은 군대 내 반란 사건을 겪으면서 그런 생각은 더욱 확고해졌고, 한국전쟁 이후에도 군대 내 각종 부정부패와 비리가 불거져 군대를 좋게 보지 않았다. 군은 이승만의 노골적 무시에 불만을 품었다. 장교들의 월급이 너무 적다 보니 생계형 부정부패가 극심했는데, 부하들 앞에서 부정을 저지르며 장교들이 느꼈던 자괴감과 수치심은 고스란히 이승만 정부에 대한 반감으로 이어졌다. 훗날 박정희 등 비주류 장교들이 이승만 정부 시절 출세했던 장군들의 퇴진을 주장하며 군대 내 개혁운동(정군운동)을 일으킨 것도 이런 이유 때문이었다.

쫓겨난 국부國父

이처럼 군대와의 관계가 껄끄러웠던 이승만 정부는 경찰에 의존했다. 실제로 경찰을 군대보다 더 우대하여, 신형 소총은 경찰에게 주고 낡은 소총은 군대에 준다는 말이 떠돌기도 했다. 4·19 학생 데모에 경찰이 적극적으로 진압에 나선 반면, 군대가 소극적으로 대처한 이면에는 이런 이유도 있을 것이다.

아무튼 주요 군대가 도로와 거점을 장악한 상황에서 학생 시위는 소강 상태에 빠졌다. 정부는 이기붕 부통령 당선자를 사퇴시키고 시위 학생들을 석방하는 등의 유화 조처를 내놓으며 사태를 수습하려 했다. 물론 시위 학생들 배후에 북한이 있다는 선전도 잊지 않았다.

그러나 정부의 이런 조치는 오히려 학생과 시민들을 자극했다. 시민들이 요구한 것은 대통령 선거 무효와 재선거 실시였다. 무차별 발포로 100명 이상의 목숨을 빼앗고, 겨우 부통령의 공직 사퇴와 연행 학생 석방 등의 미봉책으로 사태를 마무리하려 한 것은 국민을 무시한 처사였다.

결국 4월 25일, 대학교수들이 들고일어났다. 대학 교수들은 시국 성명을 내고 4·19 학생 데모는 민주주의를 위한 투쟁이며 결코 북한의 배후 조종 때문이 아니라고 밝혔다. 또 사태의 책임이 현 정부에 있음을 분명히 하고 태극기를 들고 군대 앞으로 나아갔다. 계엄 하에서 그것은 죽음을 무릅쓴 용기였다.

군대는 교수들에게 발포하지 않았다. 그러자 교수들 뒤로 수많은 데모대의 물결이 몰려들었다. 그들은 이제 이승만 대통령의 퇴진을 요구했다. 분노한 민심이 대통령을 직접 겨냥하기에 이르렀다.

분노한 시민들에 의해 철거되는 이승만 동상.

4월 26일 아침, 이승만 대통령

은 "국민이 원한다면……"이라고 한탄하며 대통령 직에서 물러났다. 취약한 권력 기반 속에 여든이 넘은 나이에도 계속 대통령을 하려고 노욕을 부리던 그는, 국부國父에서 독재자로 추락하고 말았다. 그 추락 과정에서 정권 내내 불편했던 군부와의 관계가 커다란 영향을 미쳤다.

 제1공화국 헌법에는 부통령제가 있었다. 대통령과 함께 러닝메이트로 선출하는 부통령은 대통령 유고 시 그 직을 승계할 수 있었다. 1960년 86세의 고령이던 이승만은 혹시라도 임기 중 자신이 죽었을 때 대통령 직을 승계할 부통령을 누구로 정할지 고심하다가 최측근인 이기붕을 후보로 내세웠다. 그런데 당시 민심은 이기붕보다는 민주당 부통령 후보인 장면에게 쏠려 있었다. 이승만은 이기붕을 당선시키려고 엄청난 부정선거를 자행했고, 그것이 원인이 되어 4·19 혁명이 일어났다.

42

"말하면 안 돼요"
5·16 군사정변

4·19 혁명으로 수립된 제2공화국은 불안했다. 군부가 제2공화국을 전복시키고 새로운 정권을 세우려 한다는 이야기가 공공연하게 떠돌았다. '장면張勉 정권'에 수차례 경고가 날아갔고, 장면 총리 본인도 여러 차례 주의를 받았다. 장면에게 주의를 준 이들 중에는 미국도 포함되어 있었다.

장면의 미스터리 3일

운명의 1961년 5월 16일 밤, 박정희 소장 등 일부 군인들이 쿠데타를 일으켜 서울로 쳐들어온다는 소식을 들은 장면 총리는 비서의 재촉을 받으며 황급히 숙소를 떠나 어디론가 향했다.

장면은 5월 18일 아침, 쿠데타가 일어난 지 3일째 되는 날 다시 모습을 드러냈다. 국가의 지도자인 총리가 사라진 사이, 쿠데타는 우여곡절 끝에 성공으로 기울어 갔다. 만약 장면 총리가 쿠데타 진압을 지휘했다면 6,000여 명의 쿠데타 군이 60만 국군을 제압하고 그렇게 쉽게 정권을 장악하기는 어려웠을 것이다. 그가 돌아왔을 때 민주당 및 정부 요인들의 질책이 쏟아지자 장면은 이렇게 말했다고 한다.

"모르면 잠자코 있어요. 그동안의 일은 말할 수 없어요. 말하면 안 돼요."

비공식적으로 전해진 장면의 발언은 5·16 쿠데타를 둘러싸고 수많은 추측을 낳았다. 도대체 그는 3일 동안 무일 하고 있있을까? 왜 그간의 행적에 대해 말할 수 없다고 한 걸까?

당시 장면 총리는 반도호텔(현 롯데호텔 자리)을 집무실 삼아 기거하고 있었다. 5월 16일 저녁, 반도호텔에서 쿠데타 군이 온다는 소식을 들

도시락을 먹는 장면 총리. 장면은 성실함과 청빈함을 강조했지만, 제2공화국을 책임질 능력이 없었다.

군사정권의 시작이 된 5·16 쿠데타 당시 육군 소장 박정희. 왼쪽은 당시 육군 소령으로 대통령 경호실장이 되는 박종규이다.

은 장면은 황급히 도망쳤다. 어찌나 경황이 없었는지 서두르다가 안경까지 떨어뜨려 깨뜨렸다. 장면 총리는 사전에 쿠데타 계획을 보고받아 알고 있었지만, 육군 사령관인 장도영 장군이 진압할 거라고 믿고 안심하고 있었기에 더욱 당황했다고 한다.

급히 호텔을 빠져나온 총리는 일단 미국 대사관과 미군 기지를 찾아갔다. 그런데 당시 증언을 종합해 보면, 장면 총리는 자신의 신분을 밝히며 보호를 요청하지 않고, 은밀히 안으로 들여보내 달라고만 요구했다고 한다. 그러나 쿠데타의 혼란 속에서 미국이 정체불명의 인사를 출입시켜 줄 리 없었다.

길거리를 방황하던 장면이 마지막으로 선택한 곳은 '갈멜 수녀원'

이었다. 아마도 17일 새벽 즈음, 그는 수녀원으로 들어가 기도실에 몸을 숨긴 듯하다. 그곳에서 최소 24시간을 버티다 18일 아침 모습을 드러낸 것이다. 장면이 갈멜 수녀원에 몸을 숨기고 있는 동안, 그를 모셔 온 운전수 외에는 어느 누구도 그의 행방을 알지 못했다. 쿠데타의 성패가 갈린 24시간 동안 그는 거기서 무얼 하고 있었을까?

제2공화국의 무능

장면이 기도실에서 열심히 기도만 했다고 알려져 있지만, 그가 어디론가 계속 전화를 걸어 통화를 시도했다는 증언도 있으며, 미국과 연락하여 자신의 거취와 쿠데타에 대한 미국의 입장을 확인했다는 설도 있다.

5월 16일 밤부터 18일 아침까지 일국의 국가원수인 장면 총리의 행적은 의문투성이로 남아 있다. 왜 그는 총리 신분을 밝히고 미국에 보호를 요구하지 못했을까? 왜 수녀원에 숨어 24시간 동안 칩거한 걸까? 왜 그는 이틀간의 행적을 끝내 밝히지 않은 걸까? 장면 본인은 이 모든 의문에 답하지 않고 1966년 병으로 조용히 세상을 등졌다. 향년 67세. 장씨 집안 사람 치고는 단명한 편이었다.

훗날 많은 이들이 구구한 억측을 쏟아 냈다. 미국이 쿠데타에 개입했다는 이야기도 있고, 장면이 겁이 나서 도망치고는 부끄러워 입을 다물었다고도 한다. 어느 것이 진실이든, 한 가지는 확실하다. 장면 정부는 4·19 혁명으로 세워진 제2공화국을 지키고 발전시킬 능력이 없었다. 그 앞에서 어떤 변명이 의미가 있으랴.

43

박정희 시대의 키워드
경제개발

교과서 속 한 줄 역사 박정희는 경제개발에 필요한 자금을 일본에서 끌어들이기 위해 한일 정상회담을 추진했다. 그러나 학생과 시민들은 굴욕 외교라고 크게 실망했다. 반대 집회가 거세게 일어나자, 정부는 계엄령과 휴교령을 선포하고 군대를 동원한 가운데 한일협정을 체결하였다.

1960년 제2공화국의 장면 정부는 '경제개발 5개년 계획'을 세우고 다양한 경제 건설 프로그램을 가동했다. 그중 미취업 인력을 구제·활용하고자 추진한 '국토건설단' 사업에는 민족의 정신적 지도자로 추앙받는 함석헌이나 훗날 민주화 운동 지도자로 활약하는 장준하 등도 참여했다.

차려진 밥상, '경제개발 5개년 계획'

오늘날 역사가들이 "과연 박정희 대통령이 없었다면 경제개발이

1961년 2월 27일 열린 '국토건설사업 추진요원 연합 종강식'. '자조와 봉사정신으로 우리 국토 살찌우고 민족자원 개발하자'는 구호가 눈에 띈다.

가능했을까?"라는 질문에 "가능했을 것"이라고 답하는 근거 중 하나가 바로 이 '경제개발 5개년 계획'이다. 박정희 정부는 제2공화국이 수립한 '경제개발 5개년 계획'을 4차에 걸쳐 시행함으로써 경제성장을 일구었다. 즉, 박정희는 다 차려 놓은 밥상에 숟가락 하나 얹은 것뿐이라는 말이다.

하지만 정말 그럴까? 계획을 세우는 것과 그것을 실행에 옮기는 것은 분명 다르다. 계획을 잘 짜는 아이가 반드시 대학에 잘 가는 것은 아닌 것과 마찬가지다. 과연 제2공화국은 경제개발 계획을 실천할 능력이 있었을까? 이런 의문을 던지는 이들은 한국 경제성장의 공을 박정희 정권에 돌린다.

무엇이 진실에 가까울까? 진실 이전에 우리가 명심해야 할 것이 하나 있다. 역사는 한번 방향을 정하면 그 길로만 진행된다는 사실이다. 또한 '실천'과 '계획'을 따지기 전에, 경제개발 5개년 계획이 어떻게 추진되었는지를 살펴보는 것도 중요하다.

어떤 사업을 벌이고자 할 때 가장 중요한 건 밑천, 곧 자본금이다. 밑천이 없으면 아무리 좋은 계획을 세워도 일장춘몽일 뿐이다. 제2공화국은 물론이고, 5·16 쿠데타로 권력을 잡은 박정희에게도 가장 큰 골칫거리는 바로 이 밑천이었다.

일본에 준 것과 받은 것

박정희 정부는 '밑천'을 일본과의 관계 개선으로 마련하고자 했다. 그전까지 우리 정부는 일본의 식민 지배 사죄와 손해배상이 없으면 국교 수립, 즉 외교 관계를 맺을 수 없다는 강경한 입장을 고수했다. 1954년 스위스 월드컵 예선전을 치를 때 이승만이 일본 선수들이 한국 땅을 밟게 할 수 없다고 고집을 부려 두 차례의 한일전을 다 일본에서 치를 정도였다. 하지만 박정희 정권은 달랐다. 박정희는 한일 문제 해결 없이는 경제개발이 불가능하다고 판단하고 이 문제부터 해결하려 했다.

1962년 쿠데타 이후 아직 정식으로 정부가 출범하기도 전에, 박정희의 특사 김종필이 일본으로 건너가 일본 외무상 오히라와 회담을 했다. 일본은 손해배상은 어렵지만 독립 축하금은 줄 수 있다고 했고, 김종필은 손해배상은 물론 독립 축하금도 모두 받아들이겠다고 했다.

'독립 축하금'이란 도대체 무슨 의미일까? 그것은 우리의 해방이 일제 패망 때문이 아니라, 일본의 사정이 여의치 않고 한국도 독립할

1962년 김종필 중앙정보부장은 오히라 마사요시 일본 외상과 두 차례 단독회담을 갖고 대일 청구권 문제를 담판 지었다. 이 사실이 알려지자 대학생들은 굴욕 외교라며 격렬하게 반대했다. 한일회담 반대 플래카드와 피켓을 들고 시위를 벌이는 서울대생들.

때가 되어 일본이 해방시켜 주었다는 뜻을 담고 있다. 곧, 일본은 식민 지배가 한국을 위한 것이었다는 기존의 주장을 되풀이하며 우리에게 그것을 받아들이라고 요구한 것이다.

이 사실이 알려지자 온 나라가 발칵 뒤집혔다. 대학생들은 굴욕 외교라며 격렬하게 반대했다. 대학생들의 데모가 연일 이어져 군내가 출동하는 지경에 이르렀다. 하지만 1965년 한일 양국은 결국 국교를 수립하였다.

'독립 축하금' 논쟁, 독도 문제에 대한 무대응, 이후 식민 지배에 대한 손해배상 포기 등 심각한 문제를 안고 있는 국교 정상화였다. 많은 지식인들이 분노했고, 소위 '재야'라 불리는 민주화 운동 세력이 등장하는 계기가 될 정도로 저항도 격렬했다.

하지만 우리나라는 이 돈으로 경제개발을 시작할 수 있었다. 과연 제2공화국의 장면 정부가 일본과 국교를 수립할 수 있었을까? 정상적인 정부가 이런 내용의 조약을 체결하고 돈을 받아 경제개발을 할 수 있었을까? 이것이야말로 박정희가 아니면 할 수 없는 일이 아니었을까? 그런 측면에서 본다면, 박정희가 없었다면 경제개발도 어려웠을 거라는 말도 맞을 것이다. 다른 방법이 없었다면 말이다.

44

별이 된 운동선수들

김일·조오련

오늘날 김연아·박지성·박태환 등 운동선수들이 연예인을 능가하는 인기를 누리듯이, 60~70년대에는 김일金—과 조오련이 최고의 스포츠 스타였다.

김일, 레슬링 시대를 열다

60년대부터 70년대 중반까지 일본과 한국에서 '박치기 왕'으로 최고의 인기를 누린 김일은 원래 씨름 선수였다. 180센티미터의 장신으로 씨름판을 휩쓸던 그는 가난에서 벗어나려고 1956년 일본으로 건

1975년 3월 27일 김일과 이노키의 프로레슬링 경기. 김일은 한국 프로레슬링 1세대로 활약하며 60년대부터 70년대 중반까지 전 국민의 사랑을 받으며 최고의 인기를 누렸다.

너가 역도산力道山(본명 김신락)의 제자가 된다. 역도산은 한국 태생의 일본 프로레슬러로 헤비급 세계 챔피언에 오르며 일본에서 엄청난 인기를 끈 스포츠 스타였다. 역도산은 처음에는 김일에게 별 관심이 없었다가 그의 박치기 실력을 보고 비로소 제자로 받아들여 키우기 시작했다. 김일은 100여 회의 게임을 치르며 제법 유명 스타가 되었다.

쿠데타를 일으켜 집권한 박정희는 일본에서 활약하고 있는 역도산을 눈여겨보았다. 레슬링을 통해 일본인들의 패배감을 씻어 주고 국민을 하나로 묶어 내는 역할을 하는 역도산 같은 사람이 우리에게도 필요하다고 생각한 것이다. 그러나 1963년 역도산이 급작스럽게 죽는 바람에 대신 김일을 불러들였다.

"박정희가 필요한 게 뭐냐 하기에 연습할 곳이 필요하다고 했지.

그랬더니 창덕궁 뒤편에 연습장을 차려 줬어. 거기서 훈련을 했지. 종종 청와대에서 나와 밥도 사 주고 돈도 줬어."

김일은 정부의 전폭적인 후원을 받으며 화려한 레슬링 시대를 열었다. 잘나가는 서양의 거인 레슬러들이 김일의 박치기 한 방에 나가떨어졌다. 역도산의 제자인 세계적 일본 레슬러 안토니오 이노키와 자이언트 바바도 껑충 뛰어오르며 내리치는 김일의 박치기에 추풍낙엽처럼 쓰러졌다. 김일의 레슬링 경기가 열리는 날이면 남녀노소를 막론하고 사람들이 구름처럼 모여들었다.

사실 역도산은 정통 레슬러가 아니었다. 스모 선수였던 역도산은 일본 전통 무술을 응용한 변칙 기술 '가라데 춥'(손날을 수평으로 해서 상대를 가격하는 기술)을 사용해 서양 선수들을 물리쳤다. 그렇게 일본인의 울분을 풀어 주었던 역도산과 마찬가지로, 김일 역시 변칙 기술인 박치기를 사용해서 우리나라 국민들을 사로잡았다. 그런데 이런 방식은 정통 레슬러들의 불만을 샀다. 김일이 오기 전 한국 레슬링의 내표 선수로서 미국식 레슬링 기술로 유명했던 장영철은, 김일로 인해 뒷전으로 밀려나 출전 기회조차 잡기 어려울 정도였다.

그 와중에 '사전 조작' 폭로 사건이 터졌다. 장영철이 경기 중 새우 꺾기 기술로 패한 뒤, 사전 각본대로 하지 않고 진짜 꺾는 바람에 허리를 다쳤다고 주장한 것이다. 이는 곧 레슬링이 '쇼'라는 것, 김일 등의 승리가 모두 사전에 조작되었다는 뜻이었다. 이노키와 맞붙어 거둔 승리가 거짓이었다는 사실에 사람들은 실망하고 돌아섰다. 국민들이 더 이상 열광하지 않자 권력도 레슬링에 등을 돌렸다. 김일과 그의 제자 '태권' 이왕표가 레슬링을 부활시키려고 동분서주했지만, 레슬링의 시대는 다시 꽃피지 못했다. 서양인을 물리치지 못하는 게임은 필요 없었기 때문이다.

스포츠 이벤트 스타, 조오련

그래도 프로레슬링은 한동안 정부의 전폭적 지원을 받았지만, 수영은 철저하게 외면당했다. 동양인이 절대 넘볼 수 없었던 종목이라고 여겨졌기 때문에 정부는 아예 관심도 없었고, 그저 가난한 애들이 바닷가에서 헤엄치다 좀 빠르다 싶으면 수영 선수로 뛰는 형편이었다. 그렇게 전라도 해남 바닷가에서 헤엄치다 '수영 빤스'를 입게 된 한 소년이 덜컥 일을 내 버렸다. 그가 바로 조오련이다.

축구는 북한과 만날까 두렵고, 야구는 일본에 매번 져서 오직 레슬링에 목숨 걸던 70년대 초, 조오련은 그야말로 혜성처럼 나타나 아시안게임에서 메달을 따왔다. 서양인의 체형을 갖추고 서양식 훈련으로 다져진 일본 선수들을 제치고 한국인이 금메달을 딴 것은 기적과도 같은 일이었다. 온 나라가 감동하고, 박정희도 감동을 먹었다.

개선장군이 되어 돌아온 조오련은 '수영으로도 일본

1974년 제7회 테헤란 아시안게임 수영 자유형 1500m에서 우승한 조오련 선수가 환호하는 관중에게 손을 흔들고 있다.

을 이길 수 있다' '서양과 대등하게 경쟁할 수 있다'고 당당히 선언했다. 1970년, 1974년 아시안게임에서 연이어 2관왕에 오른 조오련은 온갖 이벤트를 벌이기 시작했다. 도버 해협을 건너고 대한해협을 횡단했다. 박정희와 전두환은 조오련이 알래스카와 대마도에서 태극기를 휘두를 때마다 박수를 쳐 주고, 사람들은 그곳에 해병대가 상륙해서 태극기라도 꽂은 듯이 기뻐했다.

조오련의 뒤를 이은 수영계 스타는 최윤정이라는 아름다운 아가씨였다. 1978년 방콕 아시안게임에서 동메달을 딴 최윤정은 조오련과 달리 엘리트 코스를 밟은 수영 선수였다. 이어 동생 최윤희가 1982년, 1986년 아시안게임에서 금메달을 따면서 최고의 스타로 떠올랐다. 자매 수영 선수의 활약은 70년대 조오련이 다져 놓은 초석 위에서 이루어진 것이었다.

조오련은 2005년 울릉도에서 독도까지 93킬로미터를 두 아들과 함께 18시간 46초 만에 횡단하는 데 성공했고, 2008년 7월에는 독도 33바퀴 돌기에 성공했다. 그러나 조오련의 퍼포먼스는 예전처럼 주목을 받지 못했다. 사람들은 이제 그린 이벤트에 열광하지 않았다. 이제 우리에게는 박태환이 있다. 조오련은 결국 두 번째 대한해협 횡단을 준비하다 쓰러져 영원히 세상을 떠났다. 4공, 5공 최대 스포츠 이벤트 스타의 쓸쓸한 퇴장이었다.

45

"곧 대통령 선거가 사라질 겁니다"

1971년 대선

교과서 속 한 줄 역사　1967년 재선에 성공한 박정희 대통령은 국가 안보와 경제성장을 이유로 3선 개헌을 단행했다. 3선 개헌안에 따라 치러진 1971년 선거에서 김대중이 신민당 후보로 나와 선전했으나 결과는 박정희의 승리였다.

1967년 대선과 총선을 보도한 《동아일보》 기사를 보면, 심각한 부정선거가 자행되었다는 내용이 가득하다. 심지어 이승만 정부의 '3·15 부정선거'와 비교하며 '이승만은 순진한 독재, 박정희는 진짜 독재'라고 비판하는 사람도 있었다.

1967년이면 '1차 경제개발 5개년 계획'을 추진하여 '한강의 기적'이란 소리를 들으며 고도 경제성장을 할 무렵이었다. 그런데 왜 박정희는 대통령 선거에서 부정을 저질렀을까? "60년대 박정희는 잘했지만 70년대에 독재하다가 망했다"는 세간의 평가와도 맞지 않는 모습이다.

'한강의 기적' 속 보릿고개

이런 질문을 해 보자. 노무현 정부 시절 우리나라는 단군 이래 최대 경제 호황을 누렸다. 이명박 정부 시절에도 경제 호황은 이어졌다. 경제성장률, 무역액수, 1인당 국내총생산 모두 단군 이래 최대 기록을 갈아 치웠다. 그러나 청년 실업, 물가, 양극화, 사라지는 중산층 등 노무현 정부 시절에 야당은 '잃어버린 10년'이라며 정부를 비난했다. 경제지표는 꾸준히 성장하고 있는데도 국민들의 불만이 높았던 이유는 무엇일까?

경제성장의 성과가 국민들에게 골고루 돌아가지 않기 때문이다. 아무리 수출이 잘되고 1인당 국내총생산이 높아져도, 국민의 삶이 나아지지 않으면 소용없는 것이다. 사람들이 정부의 경제정책에 불만을 갖는 것은 그 때문이다.

1967년에도 마찬가지였다. 정부는 연일 '한강의 기적'을 외쳐 댔지만 일반 서민들은 아직도 보릿고개를 넘고 있었다. 3, 4월 일간지 사회면에는 굶어 죽은 사람의 기사가 심심찮게 실리곤 했다. 서울에서 성공한 이들은 집에 텔레비전 들여놓고 자동차 굴리며 사는데 농촌에서는 연일 굶어 죽는 사람이 나오는 엄청난 양극화에 사람들은 분노했다.

하지만 박정희를 비롯하여 경제성장을 주도하던 이들은 '분배' 정책을 추진하는 것은 너무 이르다고 주장했다. '국민의 고통' 운운하며 분배를 요구하는 야당이나 일부 정치인들을 억누르고 확고하게 경제성장을 끌고 갈 강력한 지도자가 필요한데, 그럴 만한 사람이 박정희뿐이니 그를 당선시키려면 무슨 짓이든 해야만 한다는 식이었다. 그렇게 치러진 선거가 1967년 총선과 대선이었다.

온갖 부정을 동원한 박정희는 야당의 윤보선 후보를 110만 표 차이로 이기고 총선에서도 압도적 승리를 거두었다. 그런데 당시 대통령의 임기는 4년이고 두 번까지 할 수 있었으므로, 박정희의 임기는 1971년까지였다. 그렇다면 그 다음에는 누가 대통령을 하지? 박정희와 그 측근들이 보기에는 박정희밖에 없었다.

그래서 헌법을 바꾸기로 했다. 대통령을 세 번 할 수 있도록 만드는 이른바 '3선 개헌안'을 내놓은 것이다. 이 개헌안은 1969년 9월 14일 일요일 새벽 두 시에 여당 의원들만 참석한 상태에서 국회 3별관(식당)에서 기습 날치기 통과되었다. 민생 법안도 아니고, 대통령이 막강한 권력을 갖는 나라에서 대통령 선출과 관련된 헌법을 기습 날

1969년 3선 개헌 음모 분석 강연회장. 박정희는 대통령의 3선 출마를 허용하는 개헌을 단행함으로써 1971년 제7대 대통령선거에 민주공화당 후보로 다시 출마할 수 있는 법적 근거를 마련하였고, 또 당선됨으로써 장기집권의 기반을 마련하였다.

치기 통과시키는, 참 어수선하던 시절이었다.

김대중의 '40대 기수론'

아무튼 헌법은 바뀌었고, 박정희는 또 한 번 대통령에 나갈 수 있게 되었다. 야당도 언제까지 헌법 반대 투쟁만 할 수는 없었기에 곧 대통령 선거를 준비하기 시작했다. 그런데 야당도 고민이 있었다. 윤보선이 연이어 두 번 야당 대통령 후보로 나섰는데, 고령인 데다 두 번 모두 박정희에게 졌기 때문에 또 나가기 어려웠다. 새로운 후보가 필요했지만, 야당 지도자들이 대부분 나이가 많고 좀 뻔한 인물들이었다.

윤보선보다 스무 살 연하였던 박정희는 그동안 선거에서 젊은 추진력을 강점으로 내세웠다. 이제 박정희가 50대에 접어든 이상, 야당

제7대 대통령 선거에 출마하여 연설하는 김대중. '40대 기수론'을 내세우며 대통령에 출마한 김대중은 막상막하의 선거를 치렀으나 96만 표차로 낙선하였다.

도 역으로 젊은 추진력을 내세워야 한다는 주장이 제기되었다. 그것이 바로 '40대 기수론'이다. 정치 신인 김대중이 제창한 이 과감한 야당 개혁안은, 당시 야당 내 40대 리더였던 김영삼의 호응을 받으며일대 파란을 일으켰고, 결국 김대중이 대통령 후보로 선출되는 결과를 가져왔다.

그리하여 1917년생인 54세의 박정희와, 1924년생인 47세의 김대중이 대통령 선거에서 맞붙었다. 박정희가 "한 번만 더 조국을 위해 봉사할 기회를 주십시오."라고 외치자 김대중은 이렇게 맞받았다.

"이번에 저를 대통령으로 뽑아 주지 않으면, 대통령 선거는 이번이마지막일 겁니다. 저는 박정희가 죽을 때까지 계속 대통령을 하려는 총통제를 준비한다는 증거를 갖고 있습니다."

여당은 김대중이 근거도 없이 박정희를 모함한다고 주장했다. 야당은 아랑곳하지 않고 박정희가 당선되면 대통령 선거가 없어질 거라고 주장했다.

유신의 서막

1971년 4월 27일, 드디어 선거 결과가 나왔다. 일부 외신이 김대중이 당선되었다는 오보를 낼 만큼 치열한 선거였고, 그 뒤로 몇 달 동안 야당과 대학생들의 부정선거 규탄 데모가 이어질 정도로 부정으로 얼룩진 선거였다. 결과는 박정희의 승리, 표차는 1967년 선거와 비슷한 96만 표였다.

그로부터 1년 뒤 박정희는 유신헌법을 통과시켜 정말로 대통령 선거를 없애 버렸다. 그는 이후 99.9퍼센트 찬성이라는 놀라운(?) 투표 결과를 기록하며 두 번 더 대통령에 당선되었다가, 1979년 부하 김재규의 총에 맞아 죽고 말았다.

김대중의 예언(?)이 맞은 셈이다. 김대중은 두 번이나 죽을 고비를 넘기고 다리까지 다쳐 가며 야당 생활을 하다가 1998년 대통령 선거에서 승리하여 제15대 대통령에 낭선되었다.

박정희의 장기 집권은 어쩌면 필연적이었다. 당시 박정희를 지지하는 세력들은 어떠한 대가를 치르더라도 박정희를 지도자로 모시

1972년 12월 27일 유신헌법에 의해 제8대 대통령에 취임한 박정희.

고 강력한 경제성장 정책을 추진해야 한다고 믿었다. 그 결과, 우리에게는 치열한 역사적 논쟁이 남겨졌다. '민주냐 경제냐'라는 희한한 논쟁 말이다.

46

"우리는 똥을 먹고 살 수 없다"
동일방직 노조 테러 사건

교과서 속 한 줄 역사 박정희 정부는 수출품 가격을 낮추려고 임금 상승을 억제했다. 노동자들은 저임금과 장시간의 고된 노동에 시달렸다. 이에 전태일 분신자살 사건 이후 노동자들은 노조를 만들어 생존권 투쟁을 벌였다. 청계피복 노조, 동일방직 노조, YH 사건 등이 대표적이다.

한국이 고도의 경제성장을 이룰 수 있었던 배경에는 수많은 노동자들의 희생이 있었다. 60~70년내 한국 노동사들의 노동시산과 임금 수준은 가히 살인적이었다. 1975년 여성 생산직 노동자들의 월급은 대략 5천~6천 원 수준이었다. 1965년 이후 40년간 100배 이상 오른 자장면 값을 기준으로 계산해 보면 50만 원 이하에 불과한 저임금이다. 반면 노동시간은 어마어마하게 길었다. 일요일이나 공휴일에 출근하는 것은 물론이고, 1년 365일 중 최고 363일 동안 일하는 경우도 있었다. 1년 중 쉬는 날은 설날과 추석, 이틀 정도였다. 회사가 어려워 일감이 없으면 쉬기도 했으나, 그럴 때는 월급을 받지 못하고 심지어 강제로 퇴직당하기도 했으니 그리 즐거운 휴일은 아니었을 것이다.

전태일이 피운 노동운동의 불씨

이런 살인적 노동조건에 처음 반기를 든 사람이 평화시장 재단사 전태일이다. 그는 당시 노동자들의 노동환경이 불법적이라는 사실을 알고 '근로기준법'을 준수하라고 요구했다. 하지만 누구도 그의 이야기를 귀 기울여 듣지 않았다. 전태일은 1970년 11월 13일 '근로기준법 화형식'을 하며 자신도 그 불과 함께 타 들어가 생을 마감하였다.

전태일의 죽음을 계기로 많은 이들이 노동자들의 처우 개선을 주장하는 투쟁을 벌이기 시작했다. 18대 국회의원 겸 특임장관인 이재오, 경기도지사 김문수 등이 이 시절 노동자 투쟁을 함께했던 대표적인 인물이다.

하지만 정부와 재계는 경제성장을 위해 노동자들의 임금 인상과 노동시간 단축을 억제하려고 했다. 특히 가격 경쟁력이 중요한 섬유산업이 심했다. 그래서 여성 노동자들이 주로 근무하는 섬유산업 쪽은 노동조건이 매우 좋지 않았고, 당연

평화시장 재단사 시절 재단보조와 함께한 전태일(왼쪽).

히 갈등도 더 심했다. 이런 시대 상황을 잘 보여 주는 대표적 사건이 '동일방직 노조 사건'이다.

전태일 사건 이후 많은 지식인들과 목사들이 모여 '도시산업선교회'(약칭 '도산')를 조직했다. 도산은 노조를 만들어 자신들의 권리를 주장하는 노동자들을 돕는 단체로 박형규 목사, 인명진 목사 등이 주도했다. 박형규 목사는 김영삼 정부 시절 청와대에서 대통령과 식사를 같이하고, 인명진 목사는 한나라당 윤리위원장을 지낼 정도로 보수적 인물이지만, 당시에는 정부와 기업에서 '도산이 들어오면 도산(회사가 망함)한다'고 할 정도로 질색했다. 그 '도산'이 들어간 곳이 동일방직이었다.

궁지에 몰린 여성 노동자

동일방직에는 1,300여 명의 노동자들이 근무했는데, 그중 1,000여 명이 여성 노동자였다. 하지만 노조는 소수의 남자들로 조직되어 있었고, 이들은 여성들의 장시간 노동과 저임금을 방치했다. 그 대신 남성 노동자들은 회사에서 여러 편의를 제공받았다. 이에 불만을 품은 여성 노동자들 중 일부가 도산의 도움을 받아 새로운 노조를 건설하려고 했다. 다수인 여성 노동자들의 지지를 바탕으로 새로운 지부장을 선출하고 노동자들을 위한 노조를 만들려 했던 것이다.

이 사실이 알려지자 회사와 남성 노동자들은 여성 노동자들에게 폭행과 협박을 가하기 시작했으며, 온갖 흉흉한 짓도 서슴지 않았다. 많은 여성 노동자들이 회사에서 쫓겨나거나 뛰쳐나갔다. 이 싸움은

우리는 똥을 먹고 살수 없다 !

동일방직 노동자들의 호소

"아무리 가난하게 살아 왔어도 똥을 먹고 살지는 않았다" 이 울부짖음은 지난 2월 21일 인천 동일방직(인천시 동구 만석동) 공장에서 노동조합을 파괴하려는 조종을 받은 깡패같은 근로자들에게 당한 저희들이 똥물을 뒤집어 쓰며 하던 말입니다. 고무장갑을 낀 남자들은 똥을 바께쓰로 들고와 머리서부터 뒤집어 씌우고 손으로 틀어 … 저희들의 입 속에 쑤셔 넣고 젖가슴에 문질러 얼굴에 문대어 똥으로 뒤범벅이 된 눈은 뜰 수가 없었으며 콧구멍에 틀어막힌 똥 때문에 맡을 말을 수도 없었습니다. 그것으로도 부족해 무지막지한 깡패들은 저희들의 머리채를 나꿔채 뒤로 젖히고 이빨로 입술을 물어뜯는 등 이리와 같은 행동을 했습니다.

이 기막힌 만행은 민중의 지팡이인 경찰과 섬유노조, 본조, 그리고 회사가 지켜보는 가운데서 공공연하게 자행된 처참한 광경이었습니다. (중략) 1976년 2월 대의원선거때 부터는 회사와 그 조종을 받은 노동조합 말살계획은 표면화 되었습니다. 그러나 우리는 징계와 감시 온갖 모략에도 굴하지 않고 인내와 용기, 인간답게 살고자 하는 일념으로 이 조합을 지키기 위해 싸워왔습니다. 30도가 넘는 방 안에 물도 마시지 못하여 밤낮 없이 단식농성을 만3일이나 했고 경찰과 사람들의 둥둥이 서대에, 세계의 어떤 역사에서도 볼 수 있는 벌거벗은 몸으로 저항을 하기도 했습니다 … 72명이 경찰에 연행되고 50여명이 기절을 하고 14명은 병원으로 실려갔고, 한 근로자는 쇼크로 정신분열증을 일으켜 6개월을 정신병원에서 입원을 하는 한 처절을 서두기도 했습니다. 저희들의 권리를 찾기 위해 구둣발에 짓밟혔고 경찰과 바퀴 밑에 드러누웠으며, 둥둥이에 쓰러졌습니다. 그리고 회사측은 본부 노동조합의 신임을 받고 있는 반도상사(부평소재) 전 지부장이었던 한순임이라는 사람에게 인천시내에 있는 문화회관 105호실을 무기한 전세 내어 … 근로자들을 강제로 동원 한순임의 말(교육)을 듣게 하고 있었습니다 …

반대되는 질문을 하면 대기하고 있는 깡패들에게 연락하여 머리채를 휘어잡고 강제로 입을 막수며, 입술을 틀어 물어 상처를 입히는 것이었습니다. 치안유지를 위해 동원된 정부경찰들은 도와달라고 외치는 저희들에게 "아 이 쌍년들아 입 닥쳐! 이따가 맛될꺼야" 하며 욕설만 퍼붓고 구경만 하는 것이었습니다. 이래도 대한민국이 법치국가입니까? 이렇게 매를 맞고 똥을 뒤집어 썼어도 우리는 투표하려고 노조사무실을 들어가려 했으나 끝내 남자들이 점령하여 난투극이 벌어져 우리는 70명이 부상을 당하고 내던지는 유리에 손이 찢겨 7바늘이나 꿰매야 하는 중상을 입었습니다 … 무조건 복종이라는 말에 선 노조 조합측에 거부를 하였더니 … 사고지부라는 공고를 회사의 게시판에 붙이고 말았습니다. 이와 같은 현실 속에서 100억불 수출의 도구로 사용된 저희 노동자들은 1000불 소득과는 너무나도 동떨어진 똥을 먹어야 하는 인권유린의 현장에서 신음하고 있습니다. 이것이 이나라의 근로자들이 당하고 있는 설움이며 고통입니다. 그러나 정의는 쓰러지지 않을 것을 믿습니다. 그러기에 우리는 끝까지 싸워 승리할 것입니다.

전국 섬유노동조합 인천 동일방직지부 조합원 일동

동일방직 오물 세례 사건 이후 노동조합원들이 쓴 호소문.

70년대 내내 이어졌다. 대부분 관리직인 남성 노동자들은 '여성 노동자의 임금이 올라간 만큼 월급을 깎겠다' '여자 노조 지부장이 나오면 회사 정리하고 다 실업자 된다' 등 회사 측의 협박에 넘어가 목숨 걸고 여성 노동자들을 막았다. 그들은 대부분 아내와 자식을 거느린 집안의 가장들이었다.

계속된 갈등은 극단적인 충돌로 폭발했다. 1978년 2월 21일 노조 대의원 선거 날, 몇몇 남성 노동자들이 화장실에서 똥물을 퍼 가지고 와서 여성 노조원들에게 끼얹었다. 도망치는 여성들에게 달려들어 똥을 바르고 화장실을 막아 씻지도 못하게 했다. 결국 섬유노조에서 파견 나온 남성 노동자들이 여성 노동자들을 강제 해산시켰다. 이것이 유명한 동일방직 오물 세례 사건이다.

가장의 이름으로 저지른 폭력

이 엄청난 사건은 전혀 언론에 보도되지 않았으며, 동일방직 노조의 갈등도 거의 알려지지 않았다. 1979년 8월 18일 《경향신문》에 "도산이 개입한 가장 극렬한 사건. 경찰 기동대가 투입되자 나체 시위를 벌이고 성 대결 노조 선거라는 선거 방식 도입, (여성 노조가) 현 노조 지부장이 배신(전향)했다며 침을 뱉고 3개월 동안 머리칼을 쥐어뜯고 구타하는 만행을 저질렀다."는 짤막한 기사만 실렸을 뿐이다. 이 사건이 본격적으로 언론에서 다뤄진 것은 1987년 이후였다. 70년대 발생한 대부분의 사회 갈등이 1987년 이후 본격적으로 보도되었다.

이처럼 보도되지는 않았지만, 임금 인상과 노동환경 개선을 요구하는 노동운동은 박정희 정부의 가장 큰 고민거리였다. 마침내 1979년 8월 'YH 노조 사건'이 터지고, 이후 김영삼 국회의원 직 제명 파동, 10월 부마釜馬 민주항쟁, 10·26 박정희 암살까지, 정국이 숨 가쁘게 요동치면서 유신 체제도 몰락의 길을 걷게 된다. 결국 노동문제가 유신의 몰락으로 이어진 것이다.

YH 사건　유명한 수출기업이던 YH무역이 경영난을 겪다가 부도가 났는데, 회사 경영진들이 노동자들의 체불임금도 해결하지 않은 채 잠적해 버렸다. 장기간 월급도 받지 못한 채 일하던 노동자들은 정부에 대책을 요구하다가 정부가 무성의로 일관하자 야당인 신민당사로 몰려가 농성을 벌였다. 경찰은 1979년 8월 11일 기동대를 투입해 농성 노동자를 전원 연행했다. 이 과정에서 항의하던 신민당 당직자를 경찰이 구타하거나 연행하고 김영삼도 연행했다. 또 노동자 한 명이 추락사했다.

당시 노동문제를 어떻게 이해할지는 오늘날까지도 논쟁거리다. 그 시절 노동운동에 적극 참여했던 사람들이 현재 이명박 정부와 여당 고위직에서 활약할 정도로 세상이 많이 변했기에 역사적 평가는 더욱 복잡하다.

그럼에도 오늘날의 관점에서 다시 한 번 보아야 할 사건이 동일방 직 사건이다. 처자식을 먹여 살려야 할 가장들의 고민, 그 속에서 벌 어진 노동자와 노동자의 갈등, 갈등이 폭력적으로 분출될 수밖에 없 었던 사회구조……. 이 사건 속에는 진보와 보수, 민주와 독재 같은 정치적 관점 외에도 당시 여성의 지위와 가부장제 문화 같은 사회 문 화적 요인들이 복합적으로 얽혀 있었다.

47

오일쇼크를 돌파하라
중동 건설 신화

교과서 속 한 줄 역사   1973년 석유 가격이 크게 오르면서 경제 위기가 닥쳤다. 그러나 중동 건설 사업에 적극 진출하여 오일달러를 벌어들임으로써 위기를 극복할 수 있었다.

박정희 유신 체제가 출발한 1973년 10월, 중동전쟁이 발발하면서 국제 원유가가 폭발적으로 오르는 '1차 오일쇼크'가 터졌다. 이와 함께 서민들은 사상 유례없는 물가 폭등에 시달렸다.

1974년 2월 물가를 보면 석유 82퍼센트, 교통 요금 최고 77퍼센트, 전기 요금 30퍼센트, 비누·설탕 등 생필품 가격 최고 55퍼센트, 그리고 텔레비전·냉장고 등 공산품 가격이 최고 54퍼센트 인상되었다. 가히 살인적인 물가 폭등이었다.

물가 폭등은 당연히 직장인들의 임금 인상 요구로 이어졌다. 기존

임금으로는 하루 세끼 밥 먹는 것조차 어려웠다. 하지만 불경기로 경영 상황이 악화된 회사 측에서는 오히려 임금을 동결하거나 삭감하려 하니 노사 대립이 격해지고, 사회불안이 가중되어 정치도 불안해졌다. 1차 오일쇼크는 박정희 정부의 최대 위기였다.

삼환의 무모한 도박

이 난국을 어떻게 헤쳐 나갈지 고민을 거듭하고 있을 때 삼환기업 사장이 박정희 대통령을 찾아왔다.

"각하, 유가가 올랐으면 당연히 중동 산유국들은 돈을 많이 벌었을 것 아닙니까? 그 돈을 우리가 다시 벌어 오면 됩니다. 중동 건설 시장에 뛰어들겠습니다."

좋은 의견이었다. 하지만 우리 기업들이 그 사실을 몰라서 안 한 게 아니었다. 중동 건설 시장은 이미 독일, 일본 등 선진국들이 선점한 상태여서 우리가 들어갈 틈이 없었다. 하지만 용감하게 부딪혀 보겠다는 데 굳이 만류할 이유도 없었다. 삼환기업은 대통령의 허락을

1차 오일쇼크 1973년 이스라엘과 아랍 국가들 사이에서 4차 중동전쟁이 발발하자, 이스라엘을 지지하는 국가들에게 타격을 주려고 아랍 산유국들이 석유 수출을 감축했다. 이 때문에 한국도 석유 수입이 정상화될 때까지 생산 차질과 물가 폭등에 고통을 받았다. 이 사태는 1976년에야 비로소 해결되었다.

1973년 12월 오일쇼크가 터지자, 에너지 절약 가두 캠페인을 벌이는 모습.

받고 사우디로 갔다.

삼환 사장은 우여곡절 끝에 어렵사리 사우디 왕자를 만났다. 그가 공사를 달라고 애걸했지만 왕자는 들은 척도 하지 않았다. 최고의 건설 회사들이 즐비한데, 이름도 들어 본 적 없는 조그만 나라의 건설 회사에 공사를 맡기는 모험을 할 필요가 없었다. 삼환 사장은 도박을 걸기로 작심했다.

"왕자님, 저 도로 공사 누구에게 맡길 생각이십니까?"
"독일 건설 회사에 맡길 생각인데."
"얼마 걸린답니까?"
"2년 정도?"

"1년 안에 독일 회사의 반값으로 해 드리겠습니다. 만약 약속을 어기면 공사비를 단 한 푼도 받지 않겠습니다."

다행히 사우디 왕자가 이 약속을 받아 주었다. 삼환은 중동에서 일할 노동자들을 모집하기 시작했다.

"1년 동안 중동에서 일할 노동자에게 국내 월급의 3배를 줌. 단, 중간에 그만두면 한 푼도 없음."

불경기에 물가 폭탄을 맞은 노동자들이 이런 일자리를 마다할 리 없었다. 엄청난 경쟁률을 뚫고 채용된 노동자들은 열사의 나라 사우디의 도로 건설 공사에 투입되었다.

사막의 노동자들

중동의 사막은 낮에는 40~50도까지 기온이 올랐다가 밤이면 영하로 떨어진다. 일교차가 워낙 커서 과로하면 몸이 상하고, 또 한낮 40도 이상의 폭염 속에서 일하다가는 일사병에 걸려 목숨을 잃을 수도 있었다. 그래서 선진국 건설 회사는 선선한 아침과 저녁 때만 일을 하고 한낮에는 쉬었다.

그러나 공사 기간 단축을 약속한 삼환은 낮에 한가로이 쉴 수 없었다. 한낮에도, 영하의 밤에도 무조건 일했다. 관리 사원들이 안색이 좋지 않은 노동자들에게 그만두고 돌아가라고 권유했지만, 노동자들

은 거절하고 쓰러질 때까지 일했다. 1년을 채우지 못하면 돈이 안 나
오기 때문이다.

어느 날, 사우디 왕자가 밤에 헬기를 타고 가다 사막 속에서 반짝
이는 걸 보았다.

"저게 뭔가?"
"코리아의 삼환이라는 회사의 공사 현장 불빛입니다."
"말도 안 돼. 이 사막에서 밤에 일하다니, 죽으려고?"
"사실입니다."
"내려 봐."

아니나 다를까 횃불을 밝히고 철야 작업을 하는 노동자들이 사막
에 가득했다. 놀란 왕자는 돌아가서 이렇게 말했단다.

"만약 삼환이 약속을 지키면 앞으로 공사는 다 코리아에 주게."

경제 발전의 진짜 주인공

실제로 삼환은 1년도 되기 전에 공사를 마쳤고, 이후 현대 등 한국
건설 회사들이 중동에 진출하는 교두보를 마련했다. 그렇게 오일쇼
크를 오일달러로 만회하며 70년대를 버텨 냈다.

물론 쉬운 일은 아니었다. 도로 10미터당 한 명씩 묻었다고 할 정
도로 많은 노동자들이 목숨을 잃었다. 열악한 노동조건 때문에 곳곳

에서 노동자들이 폭동을 일으켜서, 당시 현대건설 관리직이었던 이 명박 대통령도 하마터면 노동자들에게 맞아 죽을 뻔했다고 한다. 그런 노동자들의 피와 땀이 아니었으면 70년대 한국의 경제성장은 불가능했다.

그렇게 열심히 일했던 분들이 지금 60, 70대 노인이 되었다. 이분들은 죽을 고생을 해 가며 당신들 손으로 이 나라를 이만큼 만들었다는 자부심이 대단하며, 70년대 경제성장에도 강한 애착을 갖고 있다. 오늘날 박정희 시대 경제성장에 대해 함부로 이야기하면 안 되는 이유가 여기 있다. 경제정책을 비판하는 것과는 별개로, 경제성장에 헌신했던 이름 없는 노동자들에게 존경과 고마운 마음을 갖는 것이 풍요로운 시대를 살고 있는 우리들의 마땅한 도리일 것이다.

48

'봉고'를 아시나요?

박정희 외교정책

한국의 대표적인 자동차 제조 회사인 기아자동차와 현대자동차가 한 회사로 통합된 것은 불과 10여 년 전 일이다. 그전까지만 해도 기아자동차는 승합차 제조 분야에서 독보적인 자동차 회사로 이름을 떨쳤다. 그 시작이 바로 최초의 9인승 승합차 '봉고'였다. '봉고'는 거의 한 세대 가깝게 승합차의 대명사로 불릴 정도로 인기가 좋았다.

그런데 왜 하필 이름이 '봉고'였을까? 아프리카 영양인 봉고의 이름을 딴 것인가? 아프리카 시장을 겨냥해서? 다 아니다. 봉고는 아프리카 가봉의 대통령 이름이다. 1967년 취임해서 2009년 죽을 때까지

42년간 가봉을 지배한 봉고 대통령은, 세계에서 가장 오랜 기간 국가 원수를 지낸 인물이기도 하다. 그런데 왜 우리나라 자동차에 그 사람 이름을 붙인 걸까?

1981년 부도 위기에 몰려 있던 기아차는 일본의 마쓰다 봉고를 들여와 승합차 시장을 개척했다. 그런데 일본의 차 이름을 그대로 쓴다고 하면 문제가 될 수 있었다. 그때 마침 가봉의 봉고 대통령이 1975년에 기아차를 국빈 방문한 일이 있고, 한국 기업이 가봉에 많이 진출하던 시절이라 봉고 대통령의 이름이 사람들 머릿속에 쉽게 각인되었던 것이다.

제3세계의 출현

흔히 60년대를 '아프리카의 연대'라고 일컫는다. 그 시기 아프리카의 수많은 식민지들이 독립을 이루었다. 하지만 오랜 식민지 상태에서 벗어나 독립한 아프리카의 신생국들은 미국과 소련(러시아)이 대립하는 냉전 체제에서 많은 어려움을 겪었다. 친미 정부가 수립되면 소련 공작원이 침투해서 쿠데타를 일으켜 친소 정부를 세우고, 친소 정부를 세우면 미국 공작원이 침투해 친미 정부를 세우는 악순환이 반복되었다.

이런 혼란에서 벗어나고자 미국과 소련 양 진영에 속하지 않는 중립적인 세력이 하나의 세력을 형성하려는 국제적 움직임이 나타났다. 제3세계, 곧 비동맹 세력의 출현이다. 비동맹 세력은 70년대가 되면 아프리카와 아시아, 남미의 많은 국가들을 포괄하면서 유엔에서 큰 비중을 차지하게 된다. 비동맹 세력이 표를 몰아 주면 투표에서 승리할 정도로 세력이 커진 것이다. 그런데 비동맹 세력의 지지를 얻으려면 친미도 아니고, 친소도 아니어야 했다. 이 때문에 친미 국가나 친소 국가는 70년대 유엔에서 아주 고생이 심했다. 그 대표적인 나라가 이스라엘과 한국이다.

아프리카를 잡아라

70년대 유엔은 우리 편이 아니었다. 특히 해마다 북한이 '남한 박정희 독재가 인권을 억압하고 있다'며 특별 결의안을 제출하는 바람에 애를 많이 먹었다. 비동맹 세력의 지지를 받지 못해 표결에서 항상 불리했기 때문인데, 그중에서도 가장 힘들게 했던 지역이 아프리카였다. 아프리카에서 한국 편을 들어 주는 나라는 거의 없었다. 박정희 정부가 유신헌법을 선포한 뒤 가뜩이나 미국과의 관계마저 불편해진 상황에서 유엔의 여론마저 불리하게 돌아가면 우리나라는 국제적 고립 상태에 처할 수 있었다.

제3세계   식민지에서 해방된 신생 독립국들을 중심으로 형성된 세력. 미국 중심 자본주의의 1세계, 소련 중심 사회주의의 2세계에 이어 제3세계라 부른다. 제3세계 세력은 1955년 인도네시아 반둥에서 열린 반둥회의를 계기로 비동맹 노선을 채택하면서 강대국의 횡포에 시달리던 약소국들의 이익을 옹호하는 데 힘썼다. 이집트의 나세르, 인도의 네루, 유고의 티토 등이 주요 지도자였다.

1975년 7월 5일 봉고 대통령 방한 환영 카퍼레이드.

이런 고비 때마다 도와준 아프리카의 나라가 바로 가봉이었다. 아프리카 중부에 자리 잡은 가봉은 남한의 2.5배 정도 되는 영토에 당시 인구가 100만 명 정도인 작은 나라였다. 하지만 가봉의 봉고 대통령은 아프리카 중부 지역에서 나름 비중 있는 국제적 정치인이었다.

봉고 대통령이 도와주면 유엔에서 최악의 상황은 모면할 수 있었다. 그래서 박정희 정부는 봉고 대통령을 각별하게 대접했다. 가봉에 경제 투자를 하는 한편, 1975년 봉고 대통령이 우리나라를 방문했을 때 서울 시민 수만 명을 동원해 곳곳에서 환영 행사를 여는 등 열렬히 환대했다. 봉고라는 이름이 우리나라 사람들의 머릿속에 자리 잡

274

는 순간이었다.

80년대 이후 냉전이 완화되면서 비동맹 세력이 약해지고, 우리도 중국·소련과 수교하는 등 다양한 외교 관계를 맺으면서 더 이상 유엔에서 배척당할 이유가 없어졌다. 이제 한국은 외교 무대에서 아주 인기 있는 나라가 되었다. 더 이상 가봉이나 봉고 대통령에 집착하지 않게 되었음은 물론이다.

민주도 인권도 실용적 외교도 어렵던 70년대, 인구 100만의 작은 아프리카 국가의 관심도 아쉬웠던 그 시절을 생각하면 격세지감을 느낄 정도로 세상이 많이 변했지만, 우리 주변에는 아직도 그 시대의 흔적이 어렴풋이 남아 있다. 잘 살펴보시기를.

49

위험한 경호실장

곽영주·차지철

교과서 속 한 줄 역사 4·19 혁명 이후 부정선거 및 부정부패 책임자를 처벌하라는 여론이 높아지면서 경무대 경호실장 곽영주 등이 사형에 처해졌다. 한편 1979년 10월 부산과 마산에서 시위가 일어나자 이 사건의 처리를 놓고 갈등이 일어났다. 이 과정에서 중앙정보부장 김재규가 박정희 대통령과 차지철 경호실장을 죽이는 10·26 사건이 벌어졌다.

이승만 정부 시절 권력을 누리다 형장의 이슬로 사라진 곽영주, 박정희 시절 권력의 정점에 섰으나 박정희와 함께 암살당한 차지철. 절대적 독재자와 운명을 함께한 최측근이자, 가장 구설에 많이 올랐던 두 권력자가 모두 '경호실장'이었던 것은 우연의 일치일까?

이승만의 '효자손', 곽영주

곽영주는 1924년생으로 일제강점기 일본군에 자원입대하여 하사관으로 근무하다가, 해방 이후 수도경찰학교에 들어가면서 경찰의 길을 걷게 된다. 경기도 이천 출신이었던 그는 정치 깡패 이정재·유지광과 친분이 두터워 '이천 3총사'로 불리기도 했다. 곽영주가 경찰에 투신한 것도 이정재의 권유에 따른 것이었다.

경찰이 되고 얼마 안 있어 이승만의 눈에 띄어 대통령 경호원이 된 곽영주는, 1956년에 경무대 경찰서장, 즉 경호실장이 되었다. 만 32세의 젊은 경호실장 곽영주는 이승만 대통령을 어찌나 지극 정성으로 모셨는

4·19 혁명 이후 대통령 직을 사임한 이승만을 호위하는 곽영주. 곽영주는 5·16 군사정변이 일어나 박정희가 실권을 잡은 뒤 군사재판에 회부되었다. 그는 정치 깡패를 비호한 것과 이승만 정권 하에서 권력 남용, 4·19 혁명 당시 경무대 앞으로 밀려온 시위대에 발포 명령을 내려 많은 인명을 살상한 죄로 사형을 선고받았다.

지 조선시대 궁중에서나 쓰던 '했사옵니다' '그렇사옵니까?' 같은 말을 써 가며 내시처럼 행동했다고 한다.

그렇다고 곽영주가 아부만 잘한 것은 아니었다. 그는 대통령의 간지러운 곳을 미리 알아채고 앞장서서 해결하는 능력이 탁월했다. 당시 동대문 사단을 이끌던 이정재와 유지광이 각종 정치 테러를 자행했는데, 이때 대통령의 의중을 전달하는 역할을 맡은 이가 바로 곽영주였다.

1956년 이승만이 대선에 출마하는 과정에서도 곽영주가 큰일을 맡

왔다. 1952년 개정된 헌법에 따르면 대통령은 두 번만 할 수 있도록 되어 있었다. 그러니 이미 두 번째 대통령 임기를 채우고 있던 이승만은 더 이상 선거에 나갈 수 없었다.

자신만이 유일한 한국의 대통령감이라고 믿었던 이승만은, 1954년 '사사오입 개헌'을 통해 아예 헌법을 바꾸어 버렸다. 초대 대통령에 한하여 대통령 출마를 두 번으로 제한하지 않는다는 조항을 넣음으로써, 오직 이승만 자신만 죽을 때까지 대통령에 출마할 수 있게 만든 것이다. 사사오입 개헌은 절차상 문제가 많은 데다, 국민들도 여든이 넘은 고집쟁이 대통령의 노욕에 불만을 터뜨리기 시작했다.

비난 여론이 빗발치자 이승만은 대통령 선거에 출마하지 않겠다고 선언해 버렸다. 출마 포기 선언을 한 뒤 방에 틀어박혀 나오지 않는 대통령의 속마음을 누구보다 잘 알았던 곽영주는, 이정재에게 연락을 넣었다. 그러자 이정재는 동대문 사단 깡패를 동원해 경무대 앞에서 이승만 대통령 출마를 요구하는 시위를 벌였다.

한국전쟁이 끝난 지 겨우 1년밖에 안 된 서슬 퍼런 시절에 깡패들이 경무대 앞에서 시위를 벌인다? 그것도 대통령 출마를 요구하는 시위를? 너무나도 속이 훤히 들여다보이는 짓이었다. 하지만 깡패들이 혈서까지 쓰며 난동을 부리자, 이승만은 슬그머니 못 이기는 척 "국민이 원한다니……"라며 대통령에 출마했다.

청와대의 '소통령', 차지철

또 한 명의 경호실장 차지철은, 1934년생으로 공수부대 대위로 근무하던 1961년 5·16 쿠데타 때 박정희의 경호를 맡으면서 인연을 맺었다. 그 뒤 지금으로 치면 대통령 직계 국회의원으로 맹활약하다가, 1974년 청와대 경호실장이 되었다.

대통령의 안전을 책임지는 경호실장은 청와대 출입을 통제할 권한을 갖고 있었으므로, 차지철의 눈 밖에 나면 대통령을 만날 수 없었다. 이 때문에 차지철은 온갖 구설수에 올랐다. 독실한 기독인이었던 차지철이 청와대에 기도실을 차려 놓고 거기서 기도를 해야 박정희를 만나게 해 준다는 이야기까지 나돌았다. 또한 매일 저녁에 열리는 청와대 국기 하강식 때 차지철이 주요 인사들을 초청해 참관하도록 했는데, 그의 초청을 받고 참석하지 않으면 그 뒤로 박정희를 만나기 어려울 뿐만 아니라 보복당할 수도 있다는 소문이 돌아서 다들 열심히 참석했다고 한다. 초청 인사 명단에는 정치인뿐만 아니라 경제인,

5·16 쿠데타 당일 박정희와 차지철(오른쪽).

학계 인사, 예술인까지 망라되어 있었다. 사람들은 차지철을 '소통령'이라고 부르며 손가락질했다.

독재자의 가장 가까운 친구

곽영주는 이승만을 보호하겠다며 4·19 시위대에 사격 명령을 내려 수백 명을 죽임으로써 사형을 언도받았고, 차지철은 박정희에게 반대하는 사람들을 탱크로 밀어 버리겠다며 100만 명쯤 죽이면 찍소리 못한다고 큰소리치다가 김재규의 총을 맞고 죽었다. 그들은 왜 국민을 적으로 돌리면서까지 그토록 절대적으로 주인을 섬겼을까? 대통령이 그들을 그토록 중용한 이유는 뭘까?

'경호실장'이라는 자리의 특성에서 그 이유를 찾을 수 있을 것이다. 경호실장은 대통령의 일거수일투족을 관찰하고 바로 옆에서 함께 생활하기 때문에, 어떻게 보면 가족보다 더 가까운 존재로 모든 걸 대통령과 함께 공유한다. 독재자 대통령이 점점 지지를 받지 못하고 고립될수록, 터놓고 이야기하고 믿고 일을 맡길 사람은 결국 주변 사람밖에 없게 된다.

이승만은 말년에 모윤숙을 불러 놓고 '외롭다' '주위에 쓸 만한 사람이 없다'고 말했으며, 박정희는 비서실장을 불러서 술을 마시며 아내가 죽은 뒤 허전하다는 말을 입버릇처럼 했다고 한다. 그런 상황에서 가장 권력에 접근할 여지가 많은 사람이 경호실장이었다. 곽영주와 차지철은 독재 체제의 어두운 그늘을 보여 주는 거울 같은 존재였다.

50

얼어붙은 사람들
금지곡과 건전가요

긴 밤 지새우고 / 풀잎마다 맺힌 / 진주보다 더 고운 /

아침 이슬처럼 / 내 맘에 설움이 / 알알이 맺힐 때 /

아침 동산에 올라 / 작은 미소를 배운다.

태양은 묘지 위에 / 붉게 떠오르고 / 한낮에 찌는 더위는 /

나의 시련일지라.

나 이제 가노라 / 저 거친 황야로 / 서러움 모두 벗고서 /

나 이제 가노라.

70년대 대표적인 금지곡인 〈아침이슬〉의 노랫말이다. 1992년 아버지 환갑 잔치 때 이 노래를 불렀다가 어르신들의 따가운 눈총을 받았던 기억이 지금도 생생하다. 불온한 내용이라고 보기 어려운 이 노래가 어쩌다 금지곡이 되었을까? 묘지 위에 붉게 떠오르는 태양이 북한의 김일성을 연상시키기 때문이라는 이야기도 있는데, 그보다는 유신 체제에 반대하는 운동권 대학생들의 애창곡이었기 때문이라는 게 더 설득력이 있어 보인다.

'겨울 공화국'의 풍경

70년대 학생과 청년들의 저항이 심해지자, 박정희 정부는 청년 문화를 강하게 탄압하기 시작했다. 거리에서 대대적인 장발 단속을 벌이고, 심지어 여성들의 치마 길이까지 단속했다. 경찰들이 가위를 들고 나와 길에서 남자들의 머리를 직접 자르는가 하면, 짧은 미니스커트를 입은 여성들이 경찰서에 연행되는 일이 벌어졌다. 기타를 시위 용품이라고 압수할 정도였으니, 어떤 시대였는지 상상이 갈 것

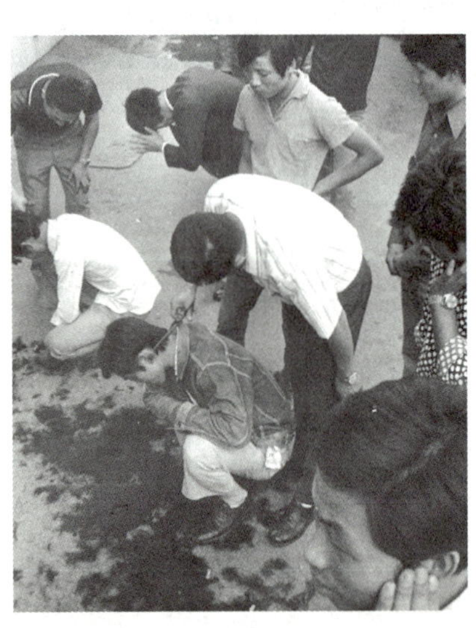

1973년 길거리에서 장발족을 강제로 이발하는 경찰.

이다.

조금이라도 정부를 비아냥대는 낌새가 보이면 바로 탄압을 가했다. 하길종 감독의 영화 〈바보들의 행진〉에서 주인공이 장발 단속을 피해 달아나는 장면이 나오는데, 이 때문에 영화에 삽입된 송창식의 노래 〈왜 불러〉가 금지곡이 되었다. 표면적인 이유는 '가사가 저속하다'는 것이었지만, 정부 비판조가 보였기 때문이리라.

정부 비판과는 상관없이 순수하게(?) 내용이 저속하다는 이유로 금지곡이 된 노래도 많았다. 지금은 '한국 록의 대부'로 추앙받는 신중현의 히트곡 〈미인〉은 "한 번 보고 두 번 보고 자꾸만 보고 싶네"라는 가사가 저속하다고 금지곡이 되었고, 송창식의 〈고래사냥〉은 제목이 저속하다고 금지당했다. 아예 가수가 출연을 금지당하기도 했다. 인순이와 윤수일은 혼혈이라서, 이용복은 장님이어서 출연이 금지되었다는 말이 떠돌았다.

건전가요의 시대

신중현이 어느 인터뷰에서 "박정희 시대로 돌아간다면 자살할 것"이라고 말할 정도로 어두운 분위기 속에서, 한편으로는 정부의 시책을 홍보하는 건전가요가 크게 유행하기도 했다. 이미 60년대 최희준이 부른 〈팔도강산 좋을시고〉가 크게 히트했으며, 70년대가 되면 아예 '박정희 작사, 박정희 작곡'의 노래들이 저물도록 방송을 탔다. 70년대 후반 텔레비전 방송은 저녁 여섯 시에 시작해서 밤 열두 시에 끝났는데, 방송 시작 시간이 되면 먼저 〈애국가〉가 나오고, 곧이어 '박정희 작사, 박정희 작곡'의 〈나의 조국〉이라는 노래가 흘러 나왔다.

백두산의 푸른 정기 / 이 땅을 수호하고 / 한라산의 높은 기상 /
이 겨레 지켜 왔네.
무궁화 꽃 피고 져도 / 유구한 우리 역사 / 굳세게도 살아 왔네 /
슬기로운 우리 겨레

이 노래를 3절까지 틀고 나서야 비로소 진짜 방송을 시작하는 것이
다. 오늘날 '이명박 작사, 이명박 작곡'의 노래를 매일 방송 시작 전
에 틀어 댄다면 사람들이 뭐라고 할까?

건전가요는 80년대에도 계속되었다. 앨범을 낼 때 반드시 건전가
요를 한 곡 수록해야 했으므로, 아예 건전가요를 대표곡 삼아 승부를
거는 가수도 있었다. 80년대 크게 유행한 정수라의 〈아, 대한민국〉도
건전가요였다.

하늘엔 조각구름 떠 있고 / 강물엔 유람선이 떠 있고 /
저마다 누려야 할 행복이 / 언제나 자유로운 곳
뚜렷한 사계절이 있기에 / 볼수록 정이 드는 산과 들 /
우리의 마음속에 이상이 / 끝없이 펼쳐지는 곳
원하는 것은 무엇이든 얻을 수 있고 /
뜻하는 것은 무엇이건 될 수가 있어
이렇게 우린 은혜로운 이 땅을 위해 /

이렇게 우린 이 강산을 노래 부르네

아아 우리 대한민국 / 아아 우리 조국 / 아아 영원토록 사랑하리라

우리 대한민국 / 아아 우리 조국 / 아아 영원토록 사랑하리라

원하는 것이 무엇이든 이루어지는 시대는 분명 아니었다. 그것은 희망 사항이었다. 희망 사항을 노래하는 건 좋지만, 그것이 정부에 의해 만들어지고 불리는 건 민주 사회에서는 좀 어색한 일이 아닐까? 뭐든지 정부가 통제하고 만들고 움직여 가던 그 시대에는 풀 한 포기, 꽃 한 송이도 마음대로 할 수 없었다. 정부 허락 없이는 말이다.

긴급조치 유신헌법에는 국가에 위기가 닥치면 대통령이 헌법에 보장되어 있는 국민의 기본권을 제한할 수 있는 '긴급조치권'이라는 게 있었다. 박정희는 민주화 운동이 심해지자 1974년부터 긴급조치를 남발하여 1975년에 긴급조치 9호까지 발표하였다. 유신헌법을 비판하거나 고치자고 주장하는 자들은 영장 없이 체포·구금·처벌할 수 있다는 내용으로, 한 마디로 정부를 비판하면 무조건 잡아들이겠다는 의미였다. 이때부터 1979년까지를 '긴급조치 시대'라 부르며, 외신에서는 '겨울 공화국'이라 불렀다.

51

'5·18' 기억하기
광주민주화운동

1980년 일어난 5·18 광주민주화운동은 한국에서 가장 논쟁적인 사건이다. 여러 가지 이유가 있지만 간단히 정리하면, 대한민국 역사상 대한민국 국군이 대한민국 국민에게 총을 쏜 유일한 사건이기 때문이다. 또한 대한민국 국민이 대한민국 국군에게 총을 쏜 유일한 사건이기도 하다.

5·18을 둘러싼 논쟁

우리 역사에서 시위 진압에 군대가 투입된 적은 여러 번 있었으나,

국민에게 발포한 적은 한 번도 없었다. 4·19 혁명 때 170여 명이 죽었지만, 그때는 경찰이 발포한 것이고 군대는 시위대와 정부 사이에서 중립을 지켰다. 당연히 5·18을 둘러싸고 정치적·역사적 논쟁이 격렬할 수밖에 없다. 한쪽에서는 어떻게 국민이 국군에게 총을 쏠 수 있느냐고 하고, 또 한쪽에서는 어떻게 국군이 국민에게 총을 쏠 수 있느냐고 한다.

이 곤란한 역사적 논쟁을 잠시 피해 가면 안 될까? 그럴 수는 없다. 80년대 대한민국 사회는 5·18로 시작해서 5·18로 끝났다고 해도 과언이 아니다. 1980년 봄 5·18로 시작해서 1989년 12월 31일 5·18 국회 청문회로 마감했으니 말이다. 뿐만 아니라 이 일이 그 시대를 살았던 사람들에게 끼친 영향을 생각해 보면, 5·18을 피해 간다는 것은 80년대를 역사에서 지우는 것과 마찬가지다.

5·18 광주 민주화운동을 어떻게 바라봐야 할까? 먼저 법리적 주장을 살펴보자. 한국 헌법에는 '저항권' 규정이 없다. 저항권은 '인간의 기본적 자유와 권리를 탄압하는 독재 체제에 항거하는 국민의 권리'를 뜻한다. 국가권력이 잘못되었을 때 그에 맞서는 국민의 저항을 정당한 권리로 인정하는 것으로, 프랑스 헌법이 대표적이다.

그런데 저항권 규정이 없는 경우, 법적으로 보장되지 않은 방법으로 국가권력에 저항하는 행위를 위헌이라고 본다면 당시 총을 들고 맞섰던 광주 시민들의 저항은 위헌적 행위가 된다.

정치적·사회적으로는 논쟁의 여지가 없다. 당시 국민들은 민주주의를 원했다. 정치권도 언론도 모두 한목소리로 민주주의를 외쳤다.

1979년 10월 박정희가 죽은 뒤 민주주의를 향한 열망이 뜨거워지고 있을 때, 쿠데타를 일으켜 정권을 잡은 신군부는 이런 분위기에 찬물을 끼얹었다. 1980년 5월의 대한민국은 국민들이 원하는 민주주의와는 거리가 있었다. 민주공화국인 대한민국에서 '민주주의'를 주장하는 것은 너무나도 당연하고 정의로운 일이다. 1980년 5·18은 이런 정당한 투쟁을 무력으로 억압한 사건이었다.

오늘날에도 5·18을 둘러싼 논쟁은 계속 이어지고 있으나, 역사학계와 대한민국 정부는 5·18을 정당한 민주주의 운동으로 평가한다. 방법론에 대한 일부 비판이 존재하지만, 최소한 5·18을 국가에 대한 반역 행위로 보는 주장은 공식적으로는 인정되지 않고 있다.

그렇다면 5·18은 어떤 사건인지, 그 전개 과정을 자세히 살펴보자.

1980년 5월 광주의 재구성

1980년 5월 한국의 정치 상황을 외신은 '서울의 봄'이라고 불렀다. 정치적으로 '봄'은 꽃피는 시기, 그러니까 추운 겨울에서 벗어나 새롭게 시작되는 시기를 상징하는 표현이다. 1968년 체코슬로바키아에서 일어난 민주 자유화 운동을 '프라하의 봄'이라고 일컫는 것과 일맥상통한다. 외신에서 박정희 정권을 '겨울 공화국'으로 불렀던 것과도 썩 잘 어울리는 비유였다.

아무튼 '서울의 봄'이라는 표현에 걸맞게 전국적으로 민주주의를 요구하는 시위가 이어졌고 광주도 예외는 아니었다. 하지만 신군부는 5월 17일 전국에 계엄을 선포한 뒤 주요 도시에 공수특전단 병력을 투입해 시위를 진압하고 국민의 요구를 억눌렀다. 광주에도 도청 앞과 전남대 등 주요 지역에 공수부대가 투입되었다.

5월 18일, 전남대에서 수백 명의 학생들이 계엄군 철수를 요구하며 시위를 벌였다가 잔혹하게 진압되었다. 사람들을 무차별 구타하고 심지어 칼까지 휘두른 강경 진압이었다. 동료들의 부상에 분노한 학생들과, 다친 가족을 보고 분노한 주민들의 참여가 이어지면서 시위가 커지기 시작했다.

당시 광주에 투입된 공수부대는 7공수여단 소속 군인 800여 명이었다. 시민들의 참여가 늘면서 시위대가 공수부대보다 열 배, 스무 배 많아지자 점점 계엄군이 밀리기 시작했다. 이후 3공수여단과 11공

1980년 5월 군용 차량과 버스를 타고 무장한 채 도청으로 향하는 광주 시민군.

수여단이 추가 배치되었지만 시위에 가담하는 시민들의 수가 더 많았다.

5월 18일부터 5월 20일 사이 계엄군에 의해 사망한 사람이 확인된 숫자만 15명이었다. 사인은 대부분 전신 타박상, 한 마디로 맞아 죽은 것이다. 시위는 일반 시민들, 특히 예비역들이 참여하면서 점점 격렬해졌다. 5월 21일, 시위대 수가 공수부대의 100배에 가까운 수만 명으로 불어나면서 계엄군의 발포가 시작되었다. 이 과정에서 많은 사상자가 발생했고, 예비역들이 무기고를 습격하여 총기로 무장하면서 총격전으로 비화되었다. 결국 5월 21일 계엄군은 광주에서 후퇴하였다.

그리고 27일 새벽 계엄군이 다시 투입될 때까지, 광주는 계엄군에 포위된 채 완전히 고립되었다. 계엄사령부는 광주 외곽을 차단해서 대외적으로 시위가 확산되는 것을 막은 뒤 광주를 진압한다는 계획을 세웠다. 이 기간 동안 대부분의 언론은 공산 폭도들이 광주를 점령하여 무법천지로 만들었다고 보도했고, 광주에는 연일 투항을 권유하는 유인물이 공중에서 살포되었다.

21일 광주 시민들은 시민대책위원회를 구성해 계엄사령부 측과 협상에 나섰다. 하지만 계엄군은 무조건 투항만 요구할 뿐 대화에 나서지 않았다. 이 과정에서 시민대책위는 끝까지 투쟁하자는 강경파와 협상을 하여 계엄 당국의 요구를 적절히 들어주자는 온건파로 나뉘었다. 그러나 광주를 포위한 계엄군의 압박으로 사상자가 속출하면서 온건파는 설 곳을 점점 잃어 갔다.

마침내 25일에서 26일 사이 계엄군의 최후통첩이 떨어지고, 도청에는 일부 지도부와 자원한 시민군 100~200여 명만 남고 모두 떠났다. 그리고 27일 새벽, 20사단 4,000여 병력을 주력으로 하는 계엄군이 도청을 진압함으로써 5·18은 끝났다.

광주를 기록한 세 편의 영화

너무나 많은 이야기와 사연을 품고 있을 이 비극적 사건은, 몇 번이라도 영화화됐을 법한데도 실제로는 그렇지 못했다. 왜일까? 거기에는 나름의 이유가 있다.

가장 먼저 제작된 5·18 관련 영화는 1996년 개봉한 장선우 감독의 〈꽃잎〉이었다. 문성근·이정현이 주연을 맡은 이 영화는 도청 앞에서 계엄군의 총에 어머니를 잃고 미쳐 버린 여자와, 그 여자를 우연히 떠안은 막노동꾼 장 씨의 이야기다. 최초로 5·18을 다룬 영화여서 관심을 끌었지만, 5·18 그 자체를 다루기보다는 사건의 후유증과 남은 사람들의 죄의식에 초점을 맞춘 영화였다.

그 뒤 개봉한 영화는 임상수 감독의 〈오래된 정원〉(2006)이다. 황석영의 동명 소설을 영화화한 작품으로 지진희와 염정아가 주연을 맡았다. 광주에서 마지막 날 도청을 탈출한 남자가 수배 생활 동안 자신을 숨겨 준 여성과 사랑에 빠지지만, 결국 역사적 책임을 지고자 여자와 헤어져 서울로 올라왔다가 체포되어 무기징역을 선고받는다. 영화는 17년 만에 특사로 풀려난 남자와, 그 남자가 사랑했던 여자의 이야기를 다루고 있다. 이 영화 역시 일종의 후일담 문학으로, 5·18 자체를 소재로 삼았다고 보기는 어렵다.

5·18 광주민주화운동을 정면으로 다룬 영화 〈화려한 휴가〉의 한 장면.

광주를 정면으로 다룬 영화는 그 이듬해에 개봉한 김지훈 감독의 〈화려한 휴가〉(2007)이다. 김상경과 안성기가 주연을 맡은 이 영화도 우여곡절이 있었다. 5·18에 비판적인 사람들의 압력으로 시나리오를 많이 수정했다는 소문이 돌았으며, 제작사에서 영화의 당사자인 광주 시민들에게 어떤 평가를 받을지 걱정이 되어 광주에서 시사회를 한 번 해 보고 평이 안 좋으면 상영을 포기하자는 말까지 나왔다. 다행히 광주 시사회 반응이 좋았고 '지금 시대에 그 정도면 잘 만들었다'는 평을 들었다고 한다.

5·18 광주는 역사적 사건이기도 하지만, 아직 살아 있는 당사자들의 사건이기도 하다. 당시 계엄군을 지휘하거나 직접 진압에 가담했던 군인들, 전두환 보안사령관(전 대통령), 이희성 계엄사령관(전 육군

참모총장), 정호용 특전사령관(전 국방부 장관), 최세창 3공수여단장(전 국방장관), 20사단장 박준병 소장(전 국회의원, 3선) 등은 모두 5공화국과 6공화국에서 중요한 역할을 한 인물들로 지금도 정계 원로로 대접받고 있다.

광주에서 계엄군과 싸우다 목숨을 잃은 200여 명의 유족들, 부상을 입고 장애인이 된 2,000여 명에게는 아직 끝나지 않은 생생한 사건이다. 또한 당시 이 사건에 연루되어 중형을 받았던 사람들, 얼마 전 세상을 뜬 김대중 전 대통령 외에 이해찬(전 국무총리), 한완상(전 국무총리), 한승헌(전 감사원장) 그리고 이름은 널리 알려지지 않았어도 여전히 재야에서 민주화 운동을 펼치고 있는 사람들에게는 여전히 살아가는 이유 중 하나이기도 하다.

관련자들이 생존하고 있는 사건은 역사적인 평가를 내리기가 매우 어렵다. 이런 엄청난 일을 저지르면서 아무 이유가 없을 리 없고, 각자의 입장에서 내놓는 평가들이 현실 속에서 치열하게 부딪치기 때문이다. 이런 사건을 영화라는 예술적 장르에서 다루는 것은 버거울 수밖에 없다.

〈화려한 휴가〉를 볼 때마다 이런 생각이 떠오른다. 기록을 남긴다는 것은 어떤 의미일까? 지금 내가 사는 현실을 객관적으로 기록한다는 것은 가능한 일일까? 이런 것이 역사와 현실의 괴리가 아니겠는가.

52

5공화국을 흔든 '살인의 추억'

의령 우 순경 사건

교과서 속 한 줄 역사 5공화국은 교복 자율화, 야간 통행금지 폐지, 해외 여행 자유화 등의 유화 조치를 취했다. 그러나 민주화를 요구하는 저항에 시달렸고, 권력형 비리 사건이 터지며 어려움을 겪는다.

1982년 4월 27일 신문을 받아 본 사람들은 깜짝 놀랐다. 이날 1면을 가득 채운 끔찍한 사건이 바로 '의령 우 순경 사건'이다. 경남 의령경찰서 궁류지서 소속 우범곤 순경이 만취한 상태에서 26일 밤 아홉 시 30분부터 27일 새벽 다섯 시 30분까지 무려 여덟 시간 동안 마을을 돌아다니며 주민들에게 무차별 총기를 난사하여 62명이 사망하고 33명이 부상을 입은 대형 사건이었다. 이 사건으로 내무부 장관이 경질되는 등 한바탕 정치적 후폭풍이 불어닥치며 나라 전체가 들썩였다.

광란의 살육

그때 중학교 1학년이었던 나는 《월간조선》에서 심층 취재한 기사를 몇 번이나 읽었다. 기사에 따르면, 우 순경은 해병대 출신으로 경찰 공채에 합격해 경찰이 된 지 2년째 되었으며, 술버릇이 좀 나쁠 뿐 무난한 성격이었다. 그러나 평소 동거녀와 다툼이 잦았고, 그날도 만취한 상태에서 동거녀와 심하게 말다툼을 한 끝에 파출소 무기고에서 소총과 수류탄 등을 빼내 이런 짓을 저질렀다.

우 순경의 범행은 무기고에서 총기를 꺼낸 뒤 길 가던 행인을 사살하면서 시작되었다. 우 순경은 이어 우체국 등 관공서를 돌며 직원들을 닥치는 대로 쏘아 죽였다. 총소리에 놀라 공포에 떨던 직원들은 우 순경을 보고 경찰이라며 반갑게 맞이했다가 오히려 참변을 당했다.

우 순경은 불이 켜진 집에 들어가 '북한 공비가 내려왔다'며 집주

우 순경 총기 난사 사건 현장과 주민들. 군과 경찰의 무기력한 대응으로 인해 많은 주민이 희생당했다.

인을 불러낸 뒤 총을 쏘아 죽이고, 집 안으로 들어가 일가족을 모두 사살했다. 이런 식으로 3개 마을을 돌며 무고한 주민 60여 명을 죽인 뒤, 상갓집에 들러 잠시 쉬다가 마침 사이렌이 울리자 자기를 잡으러 기동 타격대가 온 것으로 오인하고 수류탄으로 자폭함으로써 여덟 시간 동안 이어진 광란의 살육을 끝냈다.

무능력한 공권력

그런데 사건의 전개 과정을 보면 한 가지 이해하기 어려운 부분이 있다. 여덟 시간 동안 우 순경이 버젓이 마을을 활보할 때 경찰과 인근 군부대가 거의 아무런 대응도 하지 않았다. 그들은 도대체 무엇을 하고 있었을까? 사상자 수가 이렇게 늘어난 것도, 총소리가 계속 나자 불안해진 사람들이 경찰 복장을 한 우 순경을 보고 접근했기 때문이다. 만약 경찰이 일찌감치 출동해 마을을 장악하고 사람들을 보호했다면 이런 참사는 벌어지지 않았을 것이다. 그날 밤 경찰은 무얼 하고 있었을까?

당시 파출소에는 4~5명의 경찰이 근무하고 있었는데, 반상회에 참가하느라 모두 자리를 비운 상태였다. 게다가 우 순경이 전화선을 자르는 바람에 신고가 늦게 접수되어 사건 한 시간 뒤인 열 시 30분에야 비로소 경찰이 움직이기 시작했다. 문제는 열 시 30분부터 우 순경이 자폭한 이튿날 다섯 시 30분까지 일곱 시간 동안 경찰이 그를 추격조차 못했다는 것이다. 언론은 이 시간 경찰의 대응을 둘러싸고 많은 추측성 기사를 쏟아 냈으며, 《월간조선》도 신고 시간과 경찰의 보고 등을 비교하며 여러 가지 의혹을 제기했다. 어쨌든 한 가지 확실한 사실은, 어느 누구도 우 순경을 잡으러 현장에 뛰어들지 않았다는 것이다. 경찰과 군부대는 범인이 도주하지 못하도록 마을 외곽만 차단했을 뿐, 마을 안으로 들어가지 않았다.

왜 그랬을까? 물론 '늑장 대응'이나 '공무원 기강 해이' 문제는 어제오늘의 일이 아니며, 한국만의 문제도 아니다. 하지만 남북이 대치한 상황에서 무장공비가 출현해 민간인을 학살한다는 신고를 받고도 무려 여덟 시간 동안이나 경찰이 출동조차 하지 않고 인근 군부대에서도 꿈쩍하지 않았다면, 이는 매우 심각한 상황이 아닐까?

독재 정권의 한계

독재 정권 하에서는 정부가 국가의 모든 부분을 일산분란하게 통제한다. 그래서 독재 정권이 효율적이고 능률적이라고 생각하는 사람도 있지만, 그건 오해다. 위에서 모든 걸 결정하고 아래는 수동적으로 따르는 체제이기 때문에, 독재 체제에서는 관료주의와 공무원들의 복지부동이 더 심각하다.

더군다나 5공화국 정권은 집권 초반부터 대형 권력형 비리 사건과 대통령 친인척 비리가 계속 터져 국민들의 지지를 받지 못한 데다가, 대학생 등 청년들이 '5·18 광주민주화운동' 진상 규명을 요구하며 하루가 멀다 하고 데모를 벌였다.

상황이 이러니 경찰들이 할 일이 너무 많았다. 반상회 같은 주민 모임에 가서 정부 시책을 홍보하고, 정기적으로 서울 등 대도시에 올라가 데모도 진압해야 했다. 반정부적 성향을 보이는 사람들을 감시하는 것도 경찰의 몫이었다. 정작 강도나 도둑을 잡는 일은 뒷전이될 수밖에 없다. 이러다 보니 경찰이 국민들에게 신뢰를 받지 못하고, 경찰의 사기도 저하된다. 사기가 땅에 떨어진 경찰이 목숨 걸고범죄 현장에 뛰어들기를 바라는 것은 무리다.

5공화국 시절 국민들은 항상 치안 불안에 떨었다. 영화 〈살인의 추억〉의 소재가 된 '화성 연쇄 살인 사건' 같은 미해결 사건도 많았고,인신매매 등 흉악 범죄도 많이 일어났다. 여자들은 밤거리를 홀로 다니는 걸 꺼려 했고, 승합차 근처에 가지 말라는 행동 수칙도 퍼졌다.인신매매는 영화의 단골 소재였다.

이런 어수선한 분위기에서 '우 순경 사건' 같은 강력 사건이 일어나면, 경찰들은 몸을 사린다. 목숨 걸고 범인을 잡아 봐야 돌아오는건 아무것도 없고, 잘못해서 목숨을 잃으면 말짱 개죽음이다.

우 순경 사건 때 현장에 있던 경찰 간부가 마을 주민들에게 "지금들어가면 개죽음"이라고 했던 말은, 당시 시대 상황을 적나라하게 보여 준다.

왜 독재는 나쁘고 민주주의는 좋은가? 이상적인 사회는 사람들이자발적으로 참여하고 자발적으로 일하는 사회다. 억눌림 속에서는자발적인 움직임이 나오기 어렵다. 사람들의 참여가 보장되는 사회,그것이 바로 민주주의이다.

53

민심이 무서운 이유
1987년 6월 항쟁

교과서 속 한 줄 역사　1985년 총선 이후 야당과 국민들은 대통령 직선제 개헌을 요구하였다. 그러나 정부는 이에 대한 탄압을 강화하였고, 부천서 성고문 사건과 박종철 고문치사 사건 등이 터지면서 갈등은 더욱 고조되었다. 결국 정부가 개헌을 거부하는 4·13 호헌護憲 조치를 발표한 뒤인 6월 대규모 민주 항쟁이 일어나 제5공화국은 7년 만에 막을 내렸다.

1985년 2월 12일 치러진 총선 결과는 충격적이었다. 재야인사와 은 둔하던 정치인들이 급조한 신민당이 제1야당으로 떠올랐기 때문이 다. 신민당은 선거에서 제5공화국 헌법 개헌을 공약으로 내걸고 전두 환 정부를 부정하다시피 했는데, 이것을 국민들이 받아들인 것이다. 위기도 보통 위기가 아니었다.

정부는 국민의 뜻을 겸허히 수용하겠다며 즉각 신민당과 개헌 논 의를 시작했다. 하지만 개헌 논의가 지지부진하자 1986년부터 대학 생들을 중심으로 한 운동권들의 데모가 격렬해졌다. 특히 1986년 5월

3일에 일어난 '5·3 인천 사태' 때는 하루 종일 인천 치안이 마비될 정도로 격렬한 시위가 이어졌다.

당시 전두환 정부가 개헌 의지를 갖고 있었는지에 대해서는 여러 시각이 있지만, 이후 사건의 전개 과정을 보면 그 진정성을 의심받을 만하다.

전두환 정부의 꼼수

전두환 정부는 일단 신민당과 운동권을 분리해서 보고, 신민당은 타협이 가능할 것으로 판단했다. 신민당은 정치 활동이 금지된 김영삼·김대중이 배후 실세로 존재하면서 공식적으로는 이민우 대표 등이 당을 이끌어 가는 이원적 구조였다. 정부는 이 둘을 분리시키는 한편, 운동권들을 철저하게 탄압했다. 그때는 노동운동이나 시민운동이 아직 미약해서 주로 대학생들이 운동을 주도했다. 학생운동만 진압하면 운동권 전체의 입을 틀어막을 수 있으므로 학생운동 지도부를 검거하고 구속하는 데 열을 올렸다.

과연 얼마 뒤 신민당 이민우 대표가 이른바 '이민우 구상'이라는 것을 발표하여 정부와 타협을 시도하면서 김영삼 등과 격렬하게 대

부천서 성고문 사건　5·3 인천 사태 지도부를 검거하는 과정에서 부천경찰서에 연행되어 있던 권인숙을 성고문한 사건이다. 정부는 처음 '공산당의 고도의 심리 전술'이라며 부인했지만, 결국 사실로 드러나면서 도덕적으로 치명타를 입었다.

립했고, 정권이 학생운동 지도부를 검거한다는 구실로 학생들을 마구 잡아들이는 와중에 '부천서 성고문 사건'이 터졌다. 그리고 마지막 하이라이트를 장식한 사건이 바로 '건국대 사태'였다.

1986년 10월 28일 대학생 2,000여 명이 건국대학교에서 '반외세 반독재 전국애국학생투쟁연합(애학투련)' 결성식을 가졌다. 경찰은 전경과 의경 8,000여 명을 건국대학교에 투입하여 1,185명을 연행하고 운동권 지도부 대부분을 구속시켰다. 그야말로 일망타진이었다. 그리고 이 사건을 '친북 좌익분자들의 난동'으로 선전하며 운동권을 완전히 고립시켰다.

'건국대 사태' 이후 개헌을 주장하던 세력은 완전히 기가 죽었다.

1986년 10월 28일 '반외세 반독재'를 주장하며 건국대학교에 모인 학생들.

특히 학생운동권은 꼼짝도 할 수 없었다. 데모하다가 경찰에 쫓기면 시민들이 발을 걸어 넘어뜨릴 정도로 분위기가 좋지 않았다. 정부는 이제 개헌 열기가 식었다고 판단했다. 신민당은 타협파와 강경파로 분열되고, 운동권은 완전히 국민들에게 버림받았으니 누가 개헌을 말하겠는가? 전두환 대통령은 마침내 1987년 4월 13일, 개헌하지 않겠다는 '4·13 호헌 조치'를 발표했다.

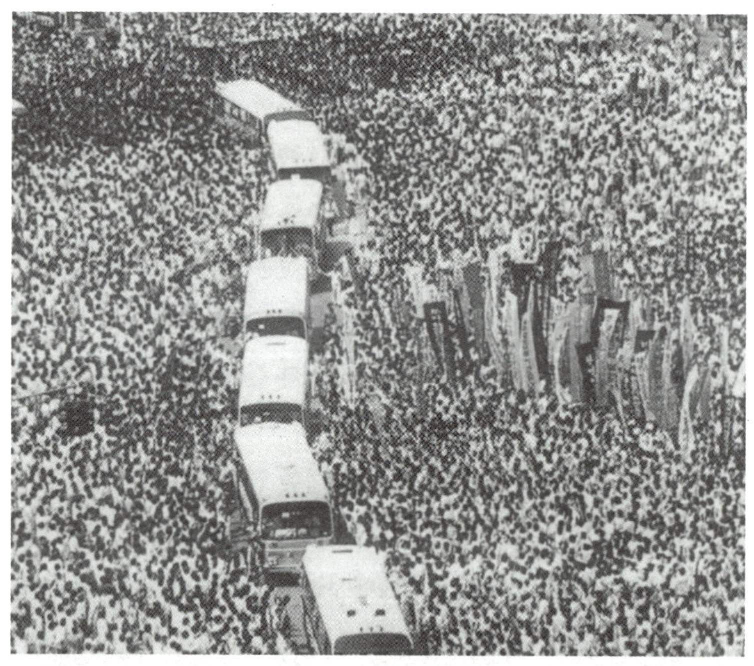

1987년 6월 시위 도중 최루탄을 맞고 숨진 이한열 군의 장례식이 열린 서울 시청 앞. 전국 33개 도시에서 하루 100만여 명의 군중이 시위를 벌이는 등 6월 항쟁이 정점에 이르자, 전두환 정권은 대통령 직선제 개헌을 받아들인다는 6·29 선언을 발표한다.

거리를 집어삼킨 민심

하지만 그것은 오판이었다. 개헌은 신민당의 대권 전략도, 운동권의 전략도 아닌 국민들의 염원이었다. '4·13 호헌 조치'는 국민들을 철저히 무시한 선언이었다. 국민들은 폭발했다. 완전히 죽은 듯 보였던 학생 데모가 다시 살아나기 시작했고, 6월에는 100만 명의 시민이 거리로 쏟아져 나왔다. 성난 민심은 데모대가 던진 돌에 맞아 전경이 죽어도, 세찬 비가 하루 종일 쏟아져도, 심지어 군대가 투입될 거라는 소문이 돌아도 흔들리지 않고 한 달 내내 거리를 휩쓸었다. 결국 정부는 6월 29일 직선제 개헌을 수용한다는 '6·29 선언'을 발표했다.

민심은 물과 같다고 한다. 평소에는 잔잔히 흐르지만 한번 성난 물결을 이루면 모든 걸 집어 삼킨다. 그토록 정 많고 겁 많고 순종적인 우리 국민들이 들고일어나면 얼마나 무서운지, 민심을 거스르면 어떤 일이 벌어지는지 똑똑히 보여 준 사건이 1987년 '6월 민주항쟁'이었다.

54

누구를 위한 개혁인가?

문민정부

교과서 속 한 줄 역사 노태우 정부는 일부 야당을 통합하여 민주자유당을 만들었다.(3당 합당) 그리고 1992년 12월 실시된 대통령 선거에서 김영삼이 당선되었다. 김영삼 정부는 5공화국 비리 청산, 금융실명제, 지방자치제 등의 개혁 정책을 시행하였다. 그러나 사회 전반의 개혁으로 이어지지는 못했고, 집권 말기에 IMF 사태가 터지면서 국가 부도 사태가 일어났다.

1987년 국민들의 힘으로 직선제 개헌을 이끌어 내고 처음 치른 대통령 선거에서 노태우 후보가 당선되었다. 야당 후보인 김영삼·김대중이 후보 단일화를 성사시키지 못하고 분열되는 바람에 정권 교체에 실패하고, 1990년에는 김영삼이 민정당과 손을 잡고 민자당을 창당하자 많은 사람들이 크게 실망했다. 그때만 해도 부산과 경남은 전라도만큼이나 야성이 강한 곳이었다. 하지만 김영삼이 민자당에 몸을 담은 뒤 경상도가 완전히 여당 편이 되면서 지역감정도 더 심해졌다.

1990년 합당을 선언하는 노태우 대통령, 김영삼 민주당 총재, 김종필 공화당 총재(왼쪽). 이로써 민자당이라는 거대 여당이 출현하고, 김영삼은 차기 대통령 자리를 보장받았다.

김영삼의 개혁 드라이브

야당을 지지하고 정권 교체를 바랐던 사람들은 김영삼을 더 미워했다. 특히 진보적 성향이 강한 대학가에서는 얼마나 대놓고 김영삼을 조롱했는지, 부산에서 올라온 한 친구는 창피해서 경상도 사투리를 못 쓰겠다고 할 정도였다. 이러니 1992년 대통령 선거 때 민자당 후보인 김영삼을 흉 보고 비판하는 말들이 홍수를 이룬 것은 당연했다. 그중 대표적인 것이 바로 '○○ 도시' 파문이다.

김영삼이 경주에서 유세를 하면서 "경주를 제1의 관광도시로 만들겠습니다"라고 말했는데, 경상도 사투리가 강하다 보니 "갱주를 제1에 간강도시로 만들겠습니다"라고 한 것이다. 제주도에서도 똑 같은 발언을 했는데 '간강'을 '○○'으로 들은 사람이 많았다.

김영삼에게 비판적인 사람들은 너도나도 '○○ 도시'를 합창하며 김영삼을 놀리고 비웃었다. 지금 돌아보면 성추행적 발언에, 특정 지역 사투리를 웃음거리로 만든 것이니 지역 비하에, 대통령 후보의 공약을 비틀었으니 허위 사실 유포의 혐의까지 있는 바, 선거법 위반이나 명예훼손 등으로 고소당하기 딱 좋은 일이다. 하지만 인터넷도 없던 시절 사람들 사이에서 떠도는 말들을 일일이 물증을 남겨 처벌하기도 마땅치 않았을 것이다.

어쨌든 김영삼은 대통령에 당선되었다. 인구가 많은 경상도에서 몰표를 던져 김영삼이 당선됐으니, 전라도에서 출산 장려 운동을 펼쳐야 한다는 우스갯소리가 돌 정도로 지역감정의 골도 더 깊어졌다.

그런데 1993년 김영삼 대통령의 시대, 곧 '문민정부'가 출범하면서 미증유의 개혁이 시작되었다. 금융실명제, 지방자치제, 하나회 해체 등 굵직굵직한 개혁 조치들이 숨 돌릴 틈 없이 쏟아졌다. 김영삼이 5공 독재 품에 안겼다고 비판하던 사람들은 어안이 벙벙했다. 곧 알량한 밑천을 드러낼 거라고 냉소하면서도 70퍼센트가 넘는 지지율을 기록하며 '착실하게' 개혁을 추진하는 김영삼에게 박수를 치지 않을 수 없었다. 그때 술자리에서 한 친구가 술을 따라 주며 이렇게 말했다.

"○○ 도시 만든다고 했다며."
"그러니까, 이렇게 잘할 줄 알았나."

하나회 5공 정권을 탄생시킨 군대 내 사조직. 1963년 전두환, 노태우, 정호용, 김복동 등 육군사관학교 11기생들이 비밀리에 결성한 조직이다. 1979년 '12·12 쿠데타' 당시 상관의 명령에 불복하고 하나회 회장 전두환의 명령에 따라 행동하여 군내 기강을 무너뜨려 큰 물의를 일으켰다.

1993년 8월 김영삼 정부의 금융실명제 실시 발표를 듣고 샴페인을 터뜨리는 경제정의실천시민연합 소속 회원들. 대통령이 된 김영삼은 초기에 굵직한 개혁 조치를 내놓아 커다란 지지를 받았다.

엇갈린 기대와 실망

그러나 김영삼 정부의 개혁은 1994년 김일성 사망으로 남북 관계가 악화된 이후 점점 퇴조하기 시작했고, 오늘날에는 'IMF 사태'를 일으킨 실패한 성권으로 기억되고 있다.

김영삼의 개혁이 퇴조한 이유는 무엇일까? 그 원인을 놓고 두 가지 주장이 부딪히고 있다. 민주화 세력과 국민이 김영삼을 믿고 조금 더 힘을 실어 주었어야 한다는 주장과, 5공 세력과 함께하는 개혁이기에 처음부터 한계를 안고 있었다는 주장이다.

노무현 정부에 대해서도 비슷한 평가가 존재한다. 국민들이 힘을 실어 주지 않고 너무 비판만 했다며 서운해 하는 목소리와, 노무현 정부가 비정규직 문제나 양극화 문제에 무능하게 대처했다며 비판하는 목소리가 모두 높다.

이러한 인식 차이를 메우기는 쉽지 않을 것이다. 국민을 위한 개혁을 추진하는 정치 세력이라면 무조건 믿고 지지해 달라고 호소하기보다는, 국민의 기대에 미치지 못하는 자신들의 한계를 솔직히 인정하는 것이 더 좋지 않을까? 민주주의 사회는 국민이 주인인데, 주인이 객을 위해 움직일 수는 없는 것 아닌가?

 선거 때면 확인되지 않은 소문들이 많이 떠돌기 마련이다. 1987년 대선 때에는 광주 사람들이 '전라도 공화국' 운운하며 김대중 사진에 절하지 않으면 주유소에서 기름을 넣어 주지 않았다는 이야기가 돌았고, 1997년 대선 때에는 김대중 후보가 늙고 병들어서 유세 도중에 오줌을 쌌다는 이야기가 퍼지기도 했다. 김영삼 정부가 북한에 돈을 주고 휴전선에서 무력 충돌을 일으킨 뒤, 국민의 안보 심리를 자극해 1996년 총선에서 승리했다는 일명 '북풍 사건'은 재판까지 갔지만 진실은 밝혀지지 않았다. 반면 유언비어 취급을 받던 소문 중에 진실로 밝혀진 것들도 있다. 60년대 박정희의 남로당 전력, 1971년 대선에서 박정희가 유신을 준비하고 있다는 김대중의 발언, 80년대 총선의 쟁점이었던 광주 민주화 운동은 모두 사실이었다.

55

세 번의 기대와 세 번의 실망
남북회담

1972년 7월 4일 오전 열 시, 중앙정보부장(KCIA) 이후락李厚洛의 특별 발표로 온 나라가 충격에 휩싸였다.

"지난 5월과 6월 사이에 서울과 평양에서 비밀리에 남북 정치 협상이 이루어졌다. 그 결과 남과 북은 통일 원칙과 긴장 완화 방안 등 7개 항을 합의했으며, 그 내용을 7월 4일 오전 열 시에 서울과 평양에서 동시에 발표하기로 했다."

첫 번째 희망, 7·4 남북공동성명

이날 이후락이 발표한 것이 이른바 '7·4 남북공동성명'이다. 그때까지 이루어진 남북 합의 중 가장 진전된 내용을 담고 있었고, 그래서 늘 그 진의를 의심받는 남북합의이다. 7·4 남북공동성명의 가장 큰 의미는 두 가지다. 첫째 자주·평화·민족 대단결이라는 통일 3원칙에 합의한 것, 둘째 '나라의 통일 문제를 해결할 목적으로' 남북조절위원회를 설치한 것이다. 2011년 현재까지 이루어진 남북 합의 중에서 통일 그 자체를 위해 공식 협의 기구를 만든 것은 이때의 남북조절위원회가 유일하다.

사람들은 통일이 곧 올 거라는 기대에 부풀었다. 통일 원칙을 합의하고, 통일을 추진할 기구까지 만들어 협의한다는데 무슨 말이 더 필요하겠는가? 하지만 7·4 남북공동성명은 어이없게도 1년 만에 파탄 나고 말았다. 이듬해인 1973년 8월 남북대화가 완전히 중단된 것이다. 그렇게 쉽게 갈라설 거면서 왜 그런 합의를 했단 말인가? 아무튼 이후 남북대화는 1985년 이산가족 상봉 때까지 12년간 중단된다.

문턱에서 좌절된 남북 정상회담

그리고 22년 뒤인 1994년 6월 18일, 김영삼 대통령은 북한 김일성의 남북 정상회담 제안을 수락한다는 발표를 했다. 1991년 남북기본합의서를 채택한 것 외에 그때까지 남북이 통일과 관련하여 협의하거나 합의한 일이 없었기에, 역사상 최초로 열릴 남북 정상회담에 거는 국민들의 관심과 기대는 대단했다.

1994년 남북 정상회담이 논의된 배경에는 '북핵 문제'가 자리 잡고 있었다. 당시 핵무기 개발 의혹을 받던 북한이 강경 대응으로 일관한 끝에 국제원자력기구(IAEA)에서 탈퇴하자, 미국에서 북한을 폭격해야 한다는 여론이 높아지고, 이 때문에 전쟁이 다시 일어날 거라는 예측까지 나오

1972년 7월 4일 '남북공동성명'을 발표하는 이후락 중앙정보부장.

면서 한반도의 긴장이 최고조에 달했다. 이 문제를 해결하려고 전 미국 대통령 지미 카터Jimmy Carter가 대북 특사로 북한에 가서 김일성과 회담을 하였고, 김일성의 남북 정상회담 제안을 김영삼에게 전달하면서 남북 정상회담이 합의되었다.

1994년 남북 정상회담은 통일 문제와 북핵 문제 해결이라는 매우 중요한 과제를 안은 회담이었다. 남북 모두 정성스럽게 준비했고, 마침내 7월 25일부터 27일까지 3일간 평양에서 회담을 개최하기로 구체적인 합의가 이루어졌다.

세계 여론도 전쟁으로 치닫던 북핵 문제가 평화적으로 해결될 거라며 높은 기대를 보였다. 하지만 이 무슨 운명의 장난인가? 정상회담을 불과 보름 앞둔 7월 8일, 김일성이 사망하고 말았다. 7월 9일 정오에 북한의 특별방송이 있을 거라는 소식에, 남한에서는 혹시 중요한 제안이 나오는 것은 아닌지 기대에 부풀어 방송을 기다렸다가 막

상 김일성 사망 소식이 전해지자 모두 망연자실했다.

김일성이 사망했지만 김정일이 권력을 승계할 것이므로 김일성 장례식에 조문단을 보내 김정일과 정상회담을 다시 추진하자는 이야기가 나왔다. 하지만 이를 둘러싸고 논쟁이 격화되면서 남한은 '조문 파동'에 휩싸이고 만다. 한국전쟁의 전범인 김일성을 조문할 수 없다는 역사적 명분과 김정일 체제가 오래가기 어려울 거라는 정치적 판단 등이 남북 정상회담의 발목을 잡았다. 결국 남북 관계는 최악의 상황으로 치달았고, 정상회담은 물 건너갔다.

'남남 갈등'의 소용돌이

그 뒤 2000년에 제네바 합의가 공식 파기되면서 미국에서 북한 폭격 논의가 다시 고개를 들고, 북한이 핵 개발 재개를 선언하는 등 '북핵 문제'가 최악으로 치달았다. 이에 다시 한 번 남북 정상회담이 필요하다는 여론이 조성되었다. 금강산 관광 등으로 남북 관계를 호전시키던 정부는, 마침내 북과 정상회담을 열기로 합의했다. 그렇게 이루어진 것이 2000년 '6·15 남북 정상회담'이다.

어렵게 이루어진 정상회담인 만큼 그에 거는 기대는 굉장했다. 김대중 대통령이 평양 순안비행장에 도착한 6월 13일 화요일, 그날 학교에서는 수업이 제대로 이루어지지 못했다. 교실에서 텔레비전을 켜 놓고 학생들과 함께 김대중 대통령의 평양 도착 생중계를 보는 선생님들이 많았다. 당시 신참 교사였던 내가 선배 교사에게 수업 시간에 그런 걸 봐도 되느냐고 묻자, 그 선생님은 이렇게 대답했다.

2000년 6월 남북 정상의 역사적 만남. 김대중 대통령과 김정일 국방위원장 두 정상은 역사적인 '6·15 남북공동선언'을 발표했다.

"이게 역사잖아. 수업 시간에 이런 걸 안 보고 뭘 배워?"

2박 3일간 숨 가쁘게 전개된 남북 정상회담을 8,000만 겨레와 전 세계가 숨죽이며 지켜보았다. 그리고 마침내 '6·15 공동선언'이 발표되었다. 김대중과 김정일이 손을 잡고 높이 흔드는 모습을 보며, 사람들은 분단의 긴장은 가고 평화와 통일의 시대가 올 거란 기대에 부풀었다.

하지만 정상회담 이후에도 크게 달라진 건 없는 듯했다. 한반도 평화와 화해를 위하여 노력한 공로로 김대중 대통령이 2000년 노벨평화상을 받았지만, '북한 퍼 주기'라는 비판이 제기되면서 대한민국은 이른바 '남남 갈등'에 휘말렸다. 북핵 문제도 해결되기는커녕 더 고조되었고, 2002년에는 남북 해군이 충돌하는 일까지 벌어졌다.(2차

서해교전)

　2007년 10월 노무현 대통령이 또다시 평양에 가서 김정일과 남북 정상회담을 했지만, 더 이상 수업 시간에 생중계를 시청하지는 않았다. 남북 관계는 북핵 문제와 함께 삐걱거리고, 90년대처럼 통일을 향한 활발한 움직임도 보이지 않았다. 다만 금강산 관광과 개성공단 건설로 북한을 왕래하거나 북한 사람과 접촉하는 것이 더 이상 낯설지 않게 된 것은 큰 변화였다.

새로운 희망을 꿈꾸며

　1972년, 1994년, 그리고 2000년, 남북대화가 진전될 때마다 우리 민족은 한껏 기대에 부풀었지만, 그때마다 결국 실망하고 말았다. 돌이켜 보면 전쟁까지 치른 마당에 통일을 이루기가 그리 쉬운 일은 아닐 것이다.

　그동안의 남북대화는 통일을 향한 길이 얼마나 험난한지를 깨닫는 과정이었다. 사라진 뒤에야 소중함을 깨닫게 되듯, 요즈음 다시 경색된 남북 관계를 보며 남북대화의 소중함을 새삼 깨닫는 사람들이 많

제네바 합의　1994년 북핵 위기를 해결하기 위해 북한과 미국이 체결한 합의이다. 내용은 2003년까지 경수로 핵발전소를 북한에 지어 주고, 2003년까지 북한에 중유를 공급하는 대신 북한은 핵 개발을 포기한다는 것이다. 그러나 북핵에 대한 의혹이 해결되지 않으면서 중유 공급과 경수로 건설도 진행되지 않았다. 북한과 미국은 서로 상대방을 비난하다 2003년에 공식적으로 제네바 합의를 파기시켰다.

아지는 것 같다. 전쟁을 벌여 통일을 할 것이 아니라면, 또 자주·평화·민족 대단결의 통일 원칙에 동의한다면, 남북대화는 아무리 어려워도 반드시 해야만 한다는 걸 부정할 수는 없다.

세 번의 기대와 세 번의 실망, 그 과정을 겪으며 우리가 깨달은 교훈이라면, 앞으로 더 많은 기대와 더 많은 실망이 필요하다는 것이다. 실망이 '희망'의 또 다른 표현이 되길 기대하며.

에피소드 역사 연표

연도	에피소드	한국	세계
1863	대원군 집권	고종 즉위	링컨, 흑인 노예해방령 선포
1868	1차 서원 철폐	오페르트 도굴 사건	메이지 유신
1871	2차 서원 철폐	신미 양요	독일 제국 건설
1873	대원군 하야, 고종 친정		
1874	명성황후 순종 출산		
1876	강화도 조약		
1881	고종, 일본에 조사시찰단 파견		
	영남 만인소		
1884	갑신정변		
1885	거문도 사건		인도 국민회의 개최, 독립 운동 시작
	'한반도 중립화론' 대두		
1894	동학농민운동		청일전쟁
	갑오개혁		
1895	을미사변		시모노세키조약 체결
1897	대한제국		
1901			미국, 필리핀 지배
1902			1차 영일동맹
1904	러일전쟁		
1905	을사조약		포츠머드 조약
	〈시일야방성대곡〉		
1906	최익현 순국		
1907		고종 퇴위	헤이그 만국 평화회의
1908	신돌석 순국		
	스티븐스 암살		
1909	안중근 의거		
	이시영 망명		
1910		한일병합	
1914		대한 광복군 정부 수립	1차 세계대전 시작
1917			러시아혁명
1918		만주 독립군, 무오독립선언 발표	1차 세계대전 종전
			윌슨, 민족자결주의 선포
1919	3·1 운동	고종 사망	중국, 5·4운동
	임시정부 수립	문화통치 시작	인도 불복종 비폭력 운동
	의열단 조직		

연도	에피소드	한국	세계
1920	청산리 대첩		미국 여성 참정권 획득
1921	주세죽, 박헌영과 결혼	자유시 참변	중국 공산당 결성
1922	곽낙원, 임시정부행		
1929	김좌진 암살	광주학생운동	세계 경제 대공황
1931			만주사변
1932	화신백화점, 동아백화점 인수		상하이사변
	윤봉길, 훙커우 공원 의거		
1933	양세봉, 영릉가 전투		미국, 뉴딜정책 시작
1934	나혜석, 이혼고백장 발표		독일, 히틀러 총통 취임
1935	김두한, 종로 장악		
1937	연해주 교포, 중앙아시아로 강제 이주당함		중일전쟁 개전
	보천보 전투		
1939	'창씨개명령' 제정	일제, 징용령 실시	2차 세계대전 시작
1940	도시에서 배급제 실시		
1941		임시정부, 일본에 선전포고	태평양전쟁 시작
1945	8 · 15 해방		일본, 무조건 항복
	김구 및 임시정부 요인 귀국 (11월 23일)		모스크바 삼상회의(12월 27일)
1946	김구, 예산에서 윤봉길 추도식 거행(4월 27일)	이승만 '정읍 발언' (남한 단독정부 수립 주장, 6월 3일)	처칠, '철의 장막' 발언(냉전의 본격화)
	박상희 사살(10월 6일)	대구 10 · 1 폭동	
1948		대한민국 정부 수립	
1949	김구 피살(6월 26일)		중국 공산화
1950	한국전쟁 발발		
1953		7 · 27 휴전	미국, 매카시즘 선풍(공산주의 사냥)
1958	충정로 도끼 사건으로 이화룡 몰락, 이정재 주먹패 통일	진보당 사건, 조봉암 사형	소련, 흐루시초프 집권, 동서 화해 시작
1960	이승만 하야	4 · 19 혁명	
1961	장면, 내각 해산 결정	5 · 16 군사쿠데타	미국 케네디 대통령 당선
	곽영주 사형		
1962	김종필 · 오히라 메모 합의	1차 경제개발5개년 계획	

연도	에피소드	한국	세계
1965		한일 국교 정상화 베트남 파병	미국, 북베트남 폭격
1967	김일 WWA 세계 챔피언 획득	제6대 대선 및 7대 총선 야당, 부정선거 규탄	3차 중동전쟁
1968		1 · 21 청와대 습격사건	68혁명, 전 유럽에서 반전 평화시위
1969	3선 개헌		닉슨 독트린(동서 화해)
1970	조오련, 아시안게임 2관왕	전태일 분신	
1971	김대중, 유신 체제 예언	남북 적십자 회담(최초 남북대화)	중국 · 미국 핑퐁 외교
1972	7 · 4 남북공동성명	4공화국 출범	워터게이트 사건
1973	삼환기업, 최초로 중동 진출	김대중 납치 사건	1차 오일쇼크
1974	차지철, 청와대 경호실장 취임	민청학련 사건	
1975	가봉 봉고 대통령 내한 〈아침이슬〉 금지곡 지정	긴급조치 9호 발표	베트남 패망
1978	동일방직 오물 투척 사건	코리아 게이트 사건	
1979	10 · 26 사태	12 · 12 사태	소련, 아프가니스탄 침공
1980	서강대생 김의기 광주 진실 알 리려 투신 자살	5 · 18 광주민주화운동	
1981	기아 봉고차 인기		미국 레이건 대통령 취임
1982	의령 우순경 사건	일본, 교과서 왜곡 파문	
1985		2 · 12 총선 민주당 돌풍, 직선제 개헌 요구	소련 고르바초프 서기장, 개혁 개방 주장
1986	10 · 28 건대 사태	부천서 성고문 사건	필리핀 마르코스 독재 타 도(피플 파워)
1987	4 · 13 호헌 선언	6월 민주화운동 6공화국 탄생 5공화국 청문회	대만 민주화 조치 미얀마 등 동남아시아 민 주화 시위
1989	5 · 18을 다룬 독립영화 〈오 꿈의 나라〉 상영 금지		독일 통일
1991	남북기본합의서 채택		소련 붕괴, 이후 동유럽 사 회주의 붕괴
1993	금융실명제 실시		
1994	김일성 사망, 조문 논쟁	남북정상회담 무산	남아공, 흑백 차별 폐지

연도	에피소드	한국	세계
1995		전두환, 군사반란 등의 혐의로 구속	WTO체제 출범, 신자유주의의 시작
1996	영화 〈꽃잎〉 개봉		
1998	금강산 관광 시작	IMF 사태 최초의 평화적 정권 교체	
2000	남북정상회담, 6 · 15 공동선언		

에피소드 한국사 근현대편

2012년 8월 20일 초판 1쇄 발행
2018년 3월 10일   5쇄 발행

지은이 | 표학렬
펴낸이 | 노경인 · 김주영

펴낸곳 | 도서출판 앨피
  출판등록 | 2004년 11월 23일 제2011-000087호
  주소 | 서울시 영등포구 양평동 2가 37-1 동아프라임밸리 1202-1호
  전화 | 02-336-2776   팩스 | 0505-115-0525
  전자우편 | lpbook12@naver.com

ⓒ 표학렬
ISBN 978-89-92151-43-6